ふらり　京都の春

柏井壽

光文社新書

はじめに

待ち焦がれた春が来た。

京都人は皆一様に穏やかな表情を浮かべはじめる。

ようやく比叡《ひえ》颪《おろし》も鎮《しず》まり、ひんやり乾いた空気に包まれた、京都盆地の長いひと冬に引導を渡すかのように、東山に春霞《はるがすみ》が漂いはじめる。

水が温《ぬく》み出し、草花が芽吹き、モノトーンの街に少しずつではあるが、彩りが見えはじめる。まず目に入ってくるのは山々の緑。北山はまだ白い雪が残り、まばらに茶色く染まっていても、東山は浅い緑が覆い出す。

浅い緑の間に、ちらほらと白と桃色の混じり合った彩りが見えはじめれば、〈いよいよ〉春到来。〈いよいよ〉。京都の春にもっともふさわしい飾り言葉だ。

京都の冬は寒いのではなく、冷たい。日によっては痛いといってもいい。頬に当たる風が、靴底を通して染み込んでくる土の冷気が、痛いのである。

そんな辛《つら》く長い冬を、ようやく過ぎ越して、都人は皆一様に〈いよいよ〉という言葉で春を迎える。このときの〈いよいよ〉は熨斗《のし》紙のような、あるいは金銀の水引にも通じる、春を丁重に迎えるための言葉。京都にとって、春は客人なのである。

だからこそ都人はことさらに春を大切にし、ひとときの景色も見逃すまい、一陣の春風をも過ぎ越すまいと、目を凝らし、耳を澄ませる。

水が温み、山が笑う。芽吹き、蕾《つぼみ》が膨《ふく》らみ、やがて花を咲かせる。その成り行きを、都人はやさしい眼差《まなざ》しで見守る。

梅、桃、さくら。華やいだ色合いの花が咲き、それを、黄色い花の連なりが受け継ぐ。連《れん》翹《ぎょう》が、山吹が咲き競う様も、また京都の街にはよく似合う。春の京都は花盛り。

京都の春に、やはり欠かせないのはさくらの花。本書の記述の多くをさくらに費やしたが、たとえ訪れた時期にさくらがなくとも、落胆する必要など微塵《みじん》もない。花は落としたとしても、さくらの樹は葉桜という素晴らしい眺めを与えてくれる。目に沁《し》み入るような緑の葉は、花を落としてから後になって、その鮮やかさを増すのだ。何より喧騒《けんそう》と無縁になるのがうれしい。心静かに都の春を味わうなら、さくらの花が散った後こそふさわしい。

桃色から黄色、ときて、春の花を締めくくるのは紫。上賀茂『大田神社』のカキツバタ。応仁の乱勃発地《ぼっぱっち》『上御霊神社』のイチハツ。そして町家の庭先に咲くシャガの花。まだある。『平安神宮』のハナショウブ。『平等院』のフジの花。洛北《らくほく》『詩仙堂』には可憐なミヤコワスレが小さな花をつける。

紫は御所の色。都の春にふさわしい。

花は桃色から黄色、やがて紫へと移り行き、初夏の訪れを告げる葵祭《あおいまつり》へと繋《つな》がる。京都の春は、冬の終わりと、夏の初めへの橋渡し。そんなふうにも見える。冬はきっぱりと冬。夏はしっかりと夏だが、春は薄ぼんやり、ずっと茫洋《ぼうよう》とした空気のままだからだろう。しかしその薄ぼんやり、こそが京都の春。そして一年を通しての京都の姿である、〈はんなり〉という形容詞に結びつく。

花なり、からの派生語と言われ、上品で明るく華やかな様を意味する言葉と辞書にはあるが、京都人から言わせれば、もう少し意味合いは深い。

上品、明るい、華やか。そこに加わるのは、ある種のせつなさである。憂いを含む、といってもいい。明るく華やかながら、少しくせつないのである。

春はんなり。花が咲き、陽光が満ち、何もかもが明るく華やかに見えて、しかしそこには、わずかばかりのせつなさが漂っている。それはきっと、栄枯盛衰を繰り返してきた都の倣《なら》いなのかもしれない。

はるかかなたに、春の行く末を案じつつ、しかし、今の春をこそ謳《うた》う。そんな都の春。しみじみと味わっていただきたい。

春の京都へようこそ。

目次

（編集部注）本文中に掲載した寺社・店舗・宿の情報、商品サービス価格等の情報は二〇一一年二月現在のものです。これらの情報は変動する可能性がありますので、お出かけの前にはお問い合わせいただくことをおすすめいたします。

第一章　春のひなみ　つきなみ

一・三月――春霞

春はあけぼの。清少納言の言葉通り、京都の春は、あけぼのの頃に美しさを際立たせる。三月も半ばを過ぎると、ようやく日差しもやわらかくなり、山際も明るさを増す。この頃の京都は、ようやく目覚めたかのように、人の往来が目立つようになり、やがてそれは花見客へと繫がる。冬から春への橋渡し。雛《ひな》祭りの頃から春が始まる。

『市比賣神社』の「天之真名井」

京都は水の都である。水なくして、京料理も、京野菜も、京豆腐も、何も生まれてこなかった。水こそが、京都を京都たらしめているのだ。とは、繰り返し、繰り返し書いてきたが、京都に暮らしていて、日々それを実感することがあまりに多い。

東山、北山、西山、三方の山から流れ出る水。さらに、京都盆地の地下にある巨大な水甕《みずがめ》から湧き出る水。そのひとつがこの「天之真名井《あまのまない》」。河原町五条下る。『市比賣《いちひめ》神社』【地図L】という小さな社の境内《けいだい》に、滾々《こんこん》と流れ出る水は「京都三名水」のひとつに数えられる。

古く皇族に皇子、皇女誕生の際にはこの水を産湯《うぶゆ》にしたという由緒正しき湧水。ひと口含めば甘露、まさに妙《たえ》なる味わい。

この社はまた、女性守護でも知られ、安産祈願をはじめ、多くの女性がこの社に願いを掛ける。雛の頃に訪ねることをおすすめする所以《ゆえん》である。そして春に先駆けてにぎわいを見せるのがこの『市比賣神社』。

『市比賣神社』の「天之真名井」

節分を前にしたある日曜日。この神社では〈女人厄除《やくよけ》まつり〉が営まれる。境内には、来る年一年の無事と幸せを願う、着物姿も艶《あで》やかな女性が集《つど》う。さほど長い歴史を持つ祭りではないが、年々その参加者も増え、着物姿の女性にカメラを向ける男性も便乗して厄除けを願う。

ちょっとおもしろいイベントに、この後の豆まきがある。厄年を迎えた女性が「五条大橋」の上から豆をまくのだ。

女性の厄年は一般に十九歳と三十三歳、

三十七歳と言われる。だがなぜか、平成二十三年のイベントでは三十七歳は不参加。たまたま該当者がいなかったのか、それとも、若い女性に絞ったのかは定かでない。

いずれにせよ、着物姿の若い女性が橋の上にずらりと並び、川面《かわも》に向かって豆をまく姿はなかなか味わい深い光景。

厄除けを願う向きはぜひ。春に限らず、年中そのご利益はあるはず。

雛祭りの思い出

弥生《やよい》三月。言うまでもなく雛の節句で始まる月だ。

と書いて、ふと心がざわついた。雛祭りはどこに消えたのだろう。

サザエさんよろしく、僕が子どもの頃には〈雛祭り〉のおよばれというものがあった。

同級生の女の子の家で雛祭りの宴《うたげ》が開かれる。そこに招待されるのは、親しい友人だけ。わけても男子は選ばれし者のみ。一年に一度、招かれるかどうか、子どもなりに悩ましく待ったものだった。それはちょうど今の時代でいうバレンタインのようなイベントだったのだろうか。

招待を受けたら受けたで、まだ悩むべきことはある。手土産だ。何かしら持参するのが常識になっていて、もっとも無難なのは雛の和菓子。少しばかり背伸びするなら「引っちぎり」。宮中の行事に因《ちな》んだ由緒正しき和菓子。小学生にはいささか荷が重すぎる。大抵は雛あられだとか、菱餅《ひしもち》、雛かごに詰められた干菓子。

　ませた小学生は、ありきたりを嫌い、母親に相談することもなく、当時人気を呼んでいた『不二家』のラウンドケーキを選び、得意満面で持参した。

　七段飾りだったことは今もはっきりと覚えている。女子が六人、男子は僕を含めて三人だった。雛飾りの前に座って、まずは手土産を渡す。おそらくはみんな、親から指示されていたのだろう。雛の節句を祝うことばと、招かれた礼の言葉とともに、決まり切った和菓子を手渡した。

　今も昔とちっとも変わっておらず、こういう儀礼的なことを苦手とする僕は、何を思ったのか、

「ハッピーひなまつり」

　と、ふざけた笑いとともに、件《くだん》のケーキを手渡した。きっと照れ臭さもあったのだろう。

　一瞬白けた空気が漂った気もしなくはなかったが、後に引けるはずもなく、僕は〈モダン雛祭り〉を通そうとした。

ちらし寿司、蛤《はまぐり》の澄まし汁、煮しじみなど、雛の節句にちなんだ料理を当家の母親が運んできた。

「お雛さん、言うたら、こんなご飯やねん。たよりないかもしれんけど、たんと食べてな」

そう言って、母親は銘々《めいめい》に取り分けはじめる。

「そうそう。お土産おおきに。おうちに帰ったらよろしゅう言うといてな」

と、僕の前に来て母親が言った。

「柏井クンとこはえらいハイカラなおうちなんやなぁ。おかあさんが選びはったんか」

朱塗りの椀にちらし寿司を盛って、僕に差し出した。

「いえ。僕が選んだんです。今流行《はや》ってるし」

「そやろなぁ。おかあさんが選ばはるわけないわなぁ。さすが柏井君やね」

母親は隣の席に移動した。

してやったり。僕は鼻高々で、この雛祭りの間中、上機嫌だった。

「おかあさんに、ちゃんと言うときや。こんなん持って行って、おばちゃんに誉《ほ》めてもろたて」

一刻も早くこの手柄を話したい。土産にもらった五色豆の紙袋を大きく振りながら帰途についた僕は、靴を脱ぐのももどかしく母の姿を探した。

「お帰り。えらいうれしそうやな。なんかええことあったんか」

仕事で留守にしていた母の代わりに、割烹着《かっぽうぎ》姿の祖母が迎えてくれた。

僕は夢中で、その日の自慢話をした。

「アホ。むこうのお母さんは誉めてはるのと違う。諫《いさ》めてはるんや。お雛さんには、お雛さんにふさわしいお菓子がある。それをあんた、洋菓子やなんて。おばあちゃん、顔から火ぃが出るわ」

祖母は言葉だけでなく、実際に割烹着の袖で額の汗を拭《ふ》いていた。

僕が京都人の物言いの恐ろしさに気づいたのは、おそらくこれが最初だったと思う。誉め言葉のようでいて、実はそれが相手を諫める言葉だったとは。

その後、祖母から懇々《こんこん》と説教され、最後にこう言葉を足された。

「ええか、よう聞いときや。変わったことしようと思わんでええね。ありきたりが一番や。変えたかったら、ちょこっとだけ。ほんまのちょこっとだけ変えるくらいやったらええ。けど、お雛さんに『不二家』のケーキはあかん」

子どもながらに、京都人とはそんなに屈折した人種なのかと、恥ずかしさも加わって憤《いきどお》りを覚えたが、よくよく考えれば、これがある種の優しさ、気配りだと思い当たった。皆の前で赤恥をかかせることなく、しかし強烈な印象を与えて、相手の心に刻み込む。これが京都という街に住まう人の心根だろうと、深く感じ入った小学生なのであった。

長々と思い出話を連ねたのは、旅人として、京都人と向き合うとき、極めて分かりやすい話だからだ。

例えば、長じて、遭遇した同じような場面。その内の何度かは料理屋で、である。

割烹のカウンターで食事をしていて、隣客の指輪に目をとめた主人がそれを誉めた。

「えらい立派な指輪ですな。大きいダイヤが付いたぁる。高《たこ》ぉしたやろ」

「たいしたことはないんですよ。結婚記念日に主人がプレゼントしてくれたものですわ」

誉められて女性客は、ご機嫌の様子。

「手でも繋いだら怪我《けが》しそうですな。うちらのヨメはんには似合いませんわ」

主人の目がきらりと光った。

お茶席ほど神経質にならなくてもいいが、それでもやはり日本料理を食べる際は、指輪やゴツイ腕時計は外しておいたほうが無難だ。西洋料理で器を持つことはないが、日本料理は大抵の器を手に持って食べる。繊細な漆器のお椀や、薄手の磁器、軟らかな土物など、疵《きず》つきやすい器を多用するのが日本料理。

器に疵がつくのを恐れながらも、婉曲な言い回しで、さりげなく注意を促したのだ。

同じ関西でも、大阪だとこうはならない。

「器に疵がつきますさかい、指輪は外してもらえます?」

単刀直入に、さらりと言ってのけ、それが嫌みにならないのも大阪人ならでは。

京都人独特の言い回し。雛祭りのケーキとともに、僕の脳裏には深く刻み込まれている。

『宝鏡寺』と人形

前置きが長くなった。さて『宝鏡寺《ほうきょうじ》』【地図C】。表裏、両千家の近くに佇《たたず》む門跡《もんぜき》寺院である。

普段は非公開。毎年春と秋のひと月間だけ公開される。平成二十三年の春は三月一日から四月三日まで。わずかな期間以外は残念ながら塀の中を窺《うかが》い知ることはできない。

室町の世、応安《おうあん》年間に光厳《こうごん》天皇の皇女が禅尼《ぜんに》となって開山し、その後多くの皇女が歴代の住持《じゅうじ》となったのがこの『宝鏡寺』。ゆえに〈百々御所《どどのごしょ》〉という号も持つ。都人には〈人形寺〉の別名でよく知られ、春秋の公開時には「人形展」が開かれる。

孝明《こうめい》天皇遺愛の人形をはじめとして、皇室ゆかりの人形を蔵する寺なので、実物大の雅《みやび》な人形が居並ぶ展観。なかなかに風流な様子である。

人形とはあまり縁がない身だが、ちょっとした繋がりがあって、子どもの頃に寺を特別に観せてもらったことがある。

当寺が人形供養を行うようになり、その印として「人形塚」を建てることになった。僕が小学校へ上がったばかりの頃だったと記憶する。愛らしい御所人形を刻んだ石碑の台座に、歌碑を寄せたのが武者小路《むしやのこうじ》実篤《さねあつ》だった。その頃僕の祖父は物好きにも、武者小路の私設秘書のようなことをしていて、来洛時には付きっきりで世話をしていた。そんな縁もあってか、祖父母と一緒にこの寺を訪ねたときの記憶は鮮明に残っている。なぜなら、子ども心に、リアルな人形は可愛いというより、ただ不気味なだけだったからで、今にも笑い出しそうな顔を見て震えていたことを思い出す。

『宝鏡寺』の「人形塚」

「書院」、「本堂」、「阿弥陀堂」など、寛政から文政の頃にかけて復興された建築が今に残されている。皇女和宮《かずのみや》が遊んだという庭は「鶴亀の庭」。鶴亀の庭といえば小堀遠州《こぼりえんしゅう》（第二章参照）。ここにも彼の影が映されているのだろうか。

春秋以外の季節。一般公開されていない時期に、どうしても寺を観たい、となれば〈人形供養〉という手がある。ほぼ毎日朝十時から十五時まで、人形を持っていけば供養をしてくれ、人形を持たずとも、供養だけでもしてくれる。その際に、少しく拝観を、となる仕儀《しぎ》。ちょっとした裏ワザだが、三千円の供養料は納める必要があるのでご記憶あれ。雛祭りの頃、茶道家元が軒を並べる小川通界隈《かいわい》は、着物姿の艶やかな女性たちで春のにぎわいを見せる。

二．四月——春はんなり

京都の空気を表す代表的な言葉に「はんなり」がある。

「はんなりしたお召しどすなぁ」など、主に着物などが華やいだ様子を言い表すものだが、京都の街の空気全般を言うことも少なくない。

はんなり、は、花なり、から変化した言葉。花は当然のごとくさくらである。

弥生三月が終わろうとする頃から、ぼちぼち桜便りが聞こえはじめ、卯月《うづき》の声を聞くと、京都の街は一斉にはんなりと華やいだ空気に包まれる。お江戸のそれとはいささか趣を異にする京都の花見。飲めや歌え、とは対照的に、散策の途上、物静かに花を眺める。

じっくりと花を眺めるなら、避けるべきは人の多い昼間。叶《かな》うなら早朝か夜更けがいい。花とて命あるもの。生命力漲《みなぎ》る朝には、清冽《せいれつ》な空気の中、生き生きとした色を見せ、あるいは夜更け、余計な背景を消し去る闇夜に、妖艶《ようえん》な姿を浮かび上がらせる。

朝と夜の間は、茶を、菓子を、弁当を愉《たの》しみ、お土産を物色するのが正しい京都の春の過ごし方。

春の京都旅。その多くのお目当てはきっとさくらの花に違いない。別章を設けてみた。さくらのことはそちらに委《ゆだ》ねる。そしてさくらの路歩きもまた章を改めた。京都のさくらをご堪能いただきたい。

新入学の季節

四月。新入学の季節である。さくら咲く。先輩の胴上げを受けて、ではないが、さくらが咲けば校門を潜《くぐ》る。

京都は学生の街、大学の街だ。京都旅の愉しみのひとつに、大学遊びを加えようという、大胆な提案である。

学生時分の大学といえば、必要に迫られて通ったものだ。できれば行きたくなかった。サボりたかった。しかし行かねばならなかった。講義を受けねばならなかった。単位を取らねばならなかった。試験を受けねばならなかった。進級せねばならなかった。大学というものは、常に〈ねばならぬ〉との戦いであった。

〈ねばならぬ〉の呪縛から解き放たれ、キャンパスに一歩足を踏み入れれば、これほど愉しいところは他にない。

知的好奇心はもちろんのこと、胃袋まで満たしてくれるのである。

通常、大学のキャンパスを歩いているのは学生たちと、教師陣である。当然ながら、熟年世代は学生ではなく、教える側の人間だと見られる。

「あの人、どこの教授かしら？」

うら若き女子大生が、羨望《せんぼう》の目をこちらに向けている。と思いたいところだが、実際は、

「怪しい人ね。通報したほうがいいんじゃない？」

と言われているかもしれない。

だが、そんな余分なことに神経を使わなくてもいいほどに、今のキャンパスは一般に開放されている。特に目立つのが老人の姿だ。ひょっとすると名誉教授なのかもしれないが、芝生に置かれたベンチに座って、ジャージ姿の老人があんパンを齧《かじ》っているが、誰もそれを見《み》咎《とが》めるような素振りもない。

加えて季節は春。新入学の季節。少しばかり怪しくても目立たない季節なのだ。大学遊びの障害となるのは、その逍《しょう》遥《よう》感にある。普通キャンパスを歩く者は、一目散に目的の場所を目指す。教員も学生も同じ。うろうろ、きょろきょろ、はしない。だがこの季節だけは別。新入生も、新たに赴任してきた教員も事務員も、勝手が分からず、うろうろ、きょろきょろしている。廊下の奥を覗《のぞ》き込んだりもしている。

と、仲間が大勢いるのは何より心強い。堂々と食堂の在《あ》り処《か》を尋ねても構わない。

「すみません。わたし新入生なので、食堂がどこにあるのか、まだ知らないんです」

と初々《ういうい》しい女子大生が困惑した表情を浮かべ、

「じゃあ一緒に探しましょう」

となって、一緒にキャンパスの芝生の間を歩けるかもしれない。

さあ、春ならではの大学遊びを始めよう。

学生の街で大学遊び

大学遊び。なんだか叱られそうなタイトルだ。

「大学遊び？　アホなこと言いな。大学いうのは勉強するとこや。遊ぶとこと、ちゃうで！」

頭から湯気を立てた老人に怒鳴られそうな気がする。

が、すべての学びは、遊びから始まる。堂々と校門を潜ろう。

少子高齢化の流れが加速する今日、大学の有り様が随分と様変わりしてきた。ただ学生が学ぶためだけの施設から脱却し、広く門戸を開きはじめたのである。カルチャーセンターのような一般向けの講座を開くなどは当然のこととして、学生食堂をレストランに変え、一般客をも呼び込むことで利用率を高める。

さらにはその大学の個性を生かしたミュージアムを造り、そこにもまた人を集める。学生の数が減るのに合わせて、一般人のにぎわいで、キャンパスに活気を取り戻そうという試みである。観る、食べる愉しみを大学は与えてくれるに至った。

春は学びの季節。いざ大学へ。

最初に向かうのは天下の『京都大学』。正確に言えばキャンパスの外だが、大学遊びの入門編としては最適の施設。まずはここで大学の空気に馴染《なじ》んでおく。

『京都大学総合博物館』

東大路通今出川下る。と言うより、「百万遍《ひゃくまんべん》」の交差点を南へ、と言ったほうが京都人には分かりやすい。京大キャンパスの一角に建つ『京都大学総合博物館』【地図F】は、二百六十万点もの資料を有する、京都屈指の博物館。むろん学生でなくても利用できる。

まずはチケット購入。駅で切符を買うのと同じシステム。自動改札機のようなエントランスから中に入ると、吹き抜けになった広い空間に圧倒される。館内の常設展示は、自然史、文化史、技術史の三つのパートに分かれていて、観ていて一番おもしろいのはやはり自然史。

この博物館の目玉展示とも言える「ランビルの森」と名づけられた熱帯雨林は、大きな樹木がまるで本物のような威容を見せる。思った以上にスケールが大きい。ナウマンゾウ、アジアゾウの骨格標本はどことなくユーモラス。虫ピンが林立する昆虫標本コーナーは子どもの頃の昆虫採集を思い出させる。この辺りは博物館というより、テーマパークの趣が濃い。わくわく感がある。

博物館と言えば、黴《かび》臭く、説明ばかり目につく、そんなイメージを持たれがちだが、ここに来ればその思いは一変するに違いない。

　出色《しゅつしょく》はミュージアムショップ『ミュゼップ』。新たな京土産にもなり得るアイテムが豊富に揃《そろ》っている。

　イチオシは「京大瓦《かわら》せんべい」。京大のマークである楠《くすのき》の焼き印が押されている。懐かしい瓦せんべい七百二十円は意外な京土産になる。

　自分用なら迷わず「銀製〝イトトンボ〟のブローチ」。無論プレゼントにも最適。目玉にガーネットや孔雀石《くじゃくいし》がはめ込まれ、繊細なデザインながら精緻《せいち》な細工がうれしい。一万三千円と、やや高価ではあるが、ここでしか買えないとっておきのスーヴェニール。

　他にもお湯を注ぐと色が変わる「恐竜マグカップ」六百三十円や、博物館のロゴがデザインされた「コインケース」五百五十円など、値ごろな商品も少なくない。あまり知られていないので、京都マニアにも喜ばれるはず。

　月曜、火曜が休館日なので注意が必要だが、四

『京都大学総合博物館』

百円の入館料を払う価値は充分にある。大学遊びの入門編としては最適の博物館。

進化する「学食」

学んだ後はお腹《なか》が減る。学食へ向かう。と、ここで選択肢がいくつかある。

とことんマニアックにいくなら『中央食堂』【地図F⑫】。「時計台記念館」の北東、「工学部8号館」の地下にある広い食堂。言うなればショッピングセンターの真ん中にあるイートインコーナーだ。サラダバーやドリンクコーナーがあって、おかずや丼などを自分で取りに行くシステム。京大生に交ざって、ワイワイやりたい向きにはここがおすすめである。

『カンフォーラ』

そこまではちょっと、という方におすすめするのは正門横のカフェレストラン『カンフォーラ』【地図F⑭】。

今どきの大学食堂はここまで来ているのか。誰もがそんな感慨を抱くだろう、オシャレなカフェレストランである。

平日なら朝九時から夜十時までの通し営業。ビールはもちろん、ワインやカクテルまで揃っている。しかも安い、と来れば、利用しない手はない。

スープにパスタ、メインディッシュは肉か魚を選べ、パンとサラダも付いた特別ランチが六百八十円で食べられるのはありがたい。グラスワインを付けても千円は超えない。

ディナーだって七百八十円なのだから、下手《へた》な京料理を食べるよりずっといい。京都リピーターには、ぜひ選択肢のひとつとして覚えておいてほしい。

この店には他にも、京大名物「総長カレー」というメニューがあって、それは先代総長考案の旨《うま》いビーフカレーである。レトルトパックも売っているので、これもまた一風変わった京土産になる。

『ラ・トゥール』

今どきのキャンパスレストランと言って、しかし、この程度で驚くのはまだ早い。「時計台記念館」の中にあるのはフレンチレストラン『ラ・トゥール』【地図F⑬】。ランチは千五百七十五円からと、先のカフェに比べると若干割高だが、それでも、町場のレストランに比

『ラ・トゥール』

べればかなりのお値打ち。ディナータイムには時折り、京大オーケストラのライヴまで開かれるのだから、おのずとその雰囲気が分かろうというもの。仔羊や舌平目《したびらめ》だってメニューに載ることがあるのだ。

アラカルトも揃い、ディナーコースは二千六百二十五円から。京都らしいフレンチをとなれば、まずはこの店の雰囲気を味わってみたい。飛び切りの味、とまでは言わないが、京大の中、というシチュエーションを考えれば、クセ球、変化球として覚えておきたい。ワインのセレクト、コストパフォーマンスもよく、食前酒を愉しめるラウンジまで揃っている。大学遊びの範囲をとうに超えている。

汗臭く、黴の臭いすら漂ってきそうだった大学の学生食堂を思い起こすと、隔世《かくせい》の感がある。ほんの十数年ほど前、こんな姿を誰が予想しただろうか。少しばかりおめかしして、キャンパスにあるフレンチを愉しむ。夢のような話だ。

『レストランしらん』

京大には他にいくつも一般に開放されたレストランがある。キャンパス外なら『レストランしらん』【地図F⑮】。

東大路通と東一条通の交差点から南西に延びる斜めの路がある。旧白川通と呼ばれるこの路を進むとやがて右手に見えてくるのが『芝蘭《しらん》会館別館』。ここに瀟洒《しょうしゃ》なレストランがある。

ランチは千五百七十五円からあるのだが、僕のおすすめは伊勢海老ランチ三千百五十円。オードブル、スープに続いての伊勢海老料理はまさに春色の味わい。料理を担うのは『京都ブライトンホテル』だから、その味わいはお墨付き。ホテルで食べればきっと五千円を超えるだろうが、そこは京大のレストラン。お値打ち価格で食べられる。

『レストランしらん』

テーブルにはちゃんとクロスが掛かり、雰囲気はホテルと同じ。

ディナーもまたよし。一番高いコースでも六千三百円という格安価格である。

〈京〉ブランドという過剰な付加価値を求めなければ、まだまだ京都には実質重視の美味《おい》しい店が多く存在している。が、そこにも実は〈京〉の空気は満ちているのであって、要はそれを感じ取ることができるかどうか、である。大学遊びのレストラン遣《づか》いは、その試金石にもなる。

『京都工芸繊維大学』はアートに包まれる

『京都大学』に比べると、全国的な知名度こそ、うんと低いが、その内容たるや勝るとも劣らない。わけても建築やアートという分野では、全国屈指のレベルを誇っているのが、『京都工芸繊維《せんい》大学』。

洛北松ヶ崎。夏のフィナーレを飾る五山の送り火の内のふたつ、「妙」と「法」を間近に望む辺りにキャンパスがある。最も便利なアクセスは地下鉄烏丸線「松ヶ崎」駅。「京都」駅からは乗車時間十六分。駅の1番出口を出て、北山通を東へ、七、八分も歩けば中央門へと辿《たど》り着く。

この大学での遊びどころ、否、見どころは大きくふたつ。その第一は建築である。

〈プロフェッサー・アーキテクト〉という言葉を、僕はこの大学の名建築を紹介する新聞記事ではじめて知ったのだが、〈建築設計できる教育者〉のことを言うのだそうだ。その〈プロフェッサー・アーキテクト〉の数が、この大学は日本随一なのだという。

寺社を筆頭に、京都の街には歴史的建造物が数多く残されているが、それとは別に、明治以降の近代建築でも見るべきものは多く存在している。

たとえばヴォーリズが造った洋館。あるいは昭和初期の実験住宅的存在の『聴竹居《ちようちくきよ》』【地図N】。どちらも後々の日本の建築に多大な影響を与えた名作。『聴竹居』は洛内から離れた大山崎《おおやまざき》の地にあり、かつ見学には予約手続きが必要とあって、ぶらりと観ることはできないが、ヴォーリズの建築なら、洛中のそこかしこに散見でき、その足跡を辿るのは比較的容易だ。学校、教会、商業建築。

東京でなら『山の上ホテル』がその代表。京都でよく知られているのは『同志社アーモスト館』【地図C】、『東華菜館《とうか》』【地図F】、『大丸ヴィラ』【地図G】、『駒井家住宅』【地図A】などなど。京都中のあちこちにヴォーリズの作品を観ることができる。と、しかし、僕にとってもっと身近なところにヴォーリズの建築がある。

僕の今の住まい兼仕事場は、北区の賀茂川近くにある。ここは僕が八歳のときに引っ越してきた家で、つまりは五十年もここに居るのだ。烏丸通今宮の東南角という場所なのだが、

同志社大学『アーモスト館』

『駒井家住宅』

その真向かい、西南の角には教会があって、『日本福音ルーテル加茂川教会』【地図C】というのが正式名称。僕が越してきた五十年前に、すでにここは地域のランドマークになっていた。

当時、「烏丸通の北の突き当たり、教会前」と言えば、誰にでもその場所が分かってもらえたほどである。

子どもの頃は教会の空《あ》き地で野球をし、牧師さんに英会話を習い、たまに日曜礼拝に行き、と、まさにこの教会とともに育ち、今も京都にいるときは、毎日教会を見ながら過ごしている。何千、何万回と見てきたこの教会が、ヴォーリズの建築だと知ったのは、つい最近のこと。教会の掲示板にさりげなく、

「ここはヴォーリズが設計した由緒ある教会です」

と書かれていたのだ。

これには小躍りするほど、驚き、そして喜んだ。僕がヴォーリズに絶えず鋭く反応するのには、こんなわけがあったのだ。

ヴォーリズの建築は概《おおむ》ね、中が暗い。外光の取り入れ方が独特なのだ。小学三年生の頃、毎日のようにこの教会の礼拝堂に入り、三階の塔の上から京の街並みを飽かず見下ろしていた。

話を戻そう。

京都という街を歩いていると、どうしても寺社建築をはじめとする和風建築に目が行きがちだが、文明開化をいち早く取り入れた京都には、洋館建築でも見るべきものは決して少なくない。そのことをつぶさに教えてくれるのが、この『京都工芸繊維大学』。京都人的に言うなら「工繊《こうせん》」だ。ここでまず訪ねるべきは『美術工芸資料館』【地図B】。


『美術工芸資料館』

一大学内に留《とど》めておくのが惜しいほどの優れたミュージアム。明治三十五年創立の、この大学の前身である京都高等工芸学校の蒐集《しゅうしゅう》品を受け継ぎ、さらにコレクションを充実させ

『美術工芸資料館』

続けている。この学校の創設時には画家浅井忠《ちゅう》、建築家武田五一《ごいち》など、錚々《そうそう》たる教授陣が顔を揃え、ヨーロッパを範《はん》とした本格的なデザイン習得を目指した。

四万点を超えるそのコレクションは他の追随を許さず、定期的に開かれる展覧会では、その片鱗《へんりん》を窺うことができる。

過去には〈近代日本のグラフィックデザイン〉と銘打って、大正、昭和の頃のポスターを見せた。また昨年の秋には〈浅井忠が選んだフランス陶磁〉というユニークな展示もあった。大きな美術館では叶わないような、スパイスの効いた展観を毎回愉しみにしている。

本書が発刊される頃には〈もうひとつの京都〉と題して、モダニズム建築の展観をしているはずだ。ゴールデンウィークの終わる頃まで。ほぼ同時開催は〈ラヂオの時代〉。谷川俊太郎コレクションを見せてくれるという。

日曜日と祝日は休館になるが、二百円という格安の入館料で、クリエイティブな展観が観られる。愉しい大学遊びだ。

ちなみにこの大学でランチを、となれば『食堂アルス』【地図B③】か、もしくは『カフェテリア・オルタス』【地図B②】という選択肢がある。京大と同じく、一般に比べればかなりの安価で食事を提供していて、しかもその内容はかつての学食とはまったく異なる充実ぶり。

　これらの食堂、カフェが入っているのが「大学会館」、「キットハウス」などで、建築好きには堪《こた》えられない、そのモダン建築が愉しい。加えてこのキャンパスのある松ヶ崎界隈は、さくらの名所でもある。賀茂川堤から植物園を経て、この大学に足を延ばし、さらには宝ヶ池まで。さくらとアート、春ならではの京都だ。

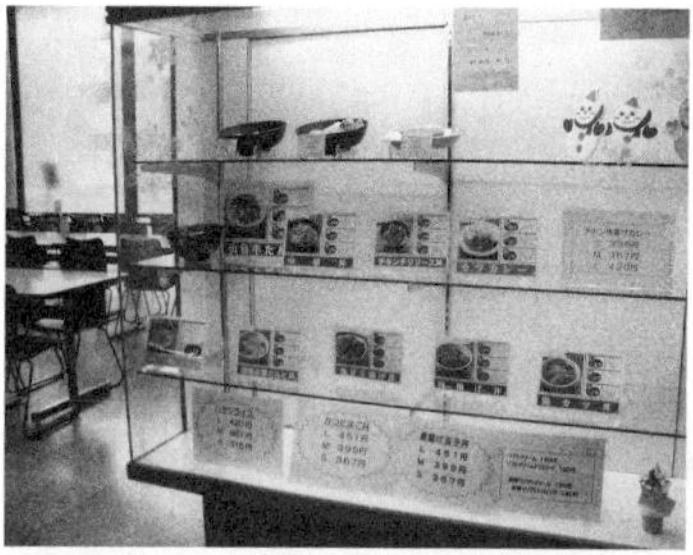

『食堂アルス』

『カフェテリア・オルタス』

期待膨らむ『龍谷ミュージアム』

開館は平成二十三年四月の五日。

つまりは、まだ僕はこの施設『龍

『龍谷ミュージアム』

谷ミュージアム』【地図L】を観ていない。観ていない施設や、食べていない店を紹介することはしない方針なのだが、ここだけは別格。オープン前から、随分と話題になっているし、展覧会の予告を見る限り、かなり期待が持てそうなのだ。大学遊びの一環としておすすめする次第。

仏教ブーム、と言えば失礼にあたるかもしれない。が、仏像ガールなる女性が現れ、仏女（ぶつじょと読むようだ）も寺を跋扈《ばっこ》している、となれば、やはりブームと言ってもいいだろう。

京都の大学には仏教系のそれが多い。その名もずばり『佛教大学』。あるいは『大谷大学』。『花園大学』『京都光華女子大学』もそうだ。洛南にある『龍谷《りゅうこく》大学』も無論、仏の導きを受けて学ぶ大学である。

洛南に、と書いたが、それは「深草キャンパス」のことを言ったのであって、今は三つのキャンパスに分かれていて、大学遊びに興じたいのは『西本願寺』に隣接した「大宮キャンパス」【地図L】。

寛永《かんえい》十六年。西本願寺の学寮として始まったというから、三百七十年を超える長い歴史を持つ。親鸞《しんらん》聖人が広めた浄土真宗の教えに基づく大学だから、当然ながらそのミュージアムの展観は仏教関連に限られる。

平成二十三年は親鸞聖人の七百五十回大遠忌《だいおんき》に当たる。大遠忌の際は毎回、日本中から信者が本願寺に集まり、大変なにぎわいを見せるが、今年はこのミュージアムができることもあり、さらなる人出が予想される。宿の確保は早めに済ませるべし。

さて「仏教総合博物館」として開館する『龍谷ミュージアム』。常設展示は〈アジアの仏教〉、〈日本の仏教〉にワンフロアずつを当てているようだ。今さら聞けない仏教の基本について、分かりやすく展観してくれていそうで、大いに期待が持てる。

〈失われたトルファン「ベゼクリク石窟寺院」の大回廊を原寸大で復元展示〉とも書かれているから、これもまた楽しみだ。さらに開館記念の特別展観は〈釈尊《しゃくそん》と親鸞〉がテーマと聞けば、この春からの京都観光、『本願寺』周辺が中心になりそうだ。

三．五月——初夏の薫風

「平安王朝の昔から、京都では、山といえば比叡山、祭りといえば加茂の祭りであったらしい。」

川端康成が、名著『古都』でそう書いている通り、祭りといえば加茂の祭り、すなわち葵祭を指す。京都三大祭は、葵祭、祇園《ぎおん》祭、時代祭の三つを言うが、祇園祭は「祭」をつけずに「祇園さん」と呼ぶし、時代祭は百年ほどの歴史しか持たない新しい祭り。ゆえに京都で祭りといえば五月十五日に平安絵巻を再現する葵祭のことを言う。

この頃はまた新緑の美しい季節であり、秋の紅葉と並んで、「青もみじ」と都人が呼ぶ緑を愛《め》でる時期でもある。山は比叡山。賀茂川堤から眺める稜線《りょうせん》。鮮やかな緑に目が喜ぶ。

葵祭

祇園祭が一か月にも及ぶ長い祭りであるのと同様、葵祭もまた、五月十五日の祭礼、ただ一日だけではない。まずは祭りのヒロインともいえる斎王代《さいおうだい》を決めることから葵祭が始まる。

「今年はどこのお嬢ちゃんが、斎王さんにならはるんやろな」
「さぁ、どこのおうちやろな。うちの娘と違うことだけはたしかやけど」
「そんなこと言われんでも分かったぁるがな」

春が深まる頃、都人同士の会話だ。

祇園祭の稚児《ちご》同様、葵祭の斎王代も、大変なお役目だ。生半可《なまはんか》な家では決して務まらない。

家柄、財力、容姿、体力、さまざまな要件を満たさねばならない。加えて、その所作が優雅でなければならないことから、茶を嗜《たしな》むことも必須条件ともいえる。茶道の家元へ稽古に通っていれば、さらにポイントは上がる。

『葵祭』の行列

岩倉『実相院門跡』の「床みどり」

洛北岩倉の名刹『実相院《じっそういん》』【地図M】。門跡寺院として知られるが、近年は、部屋の板の間に紅葉が映り込む「床もみじ」が有名。が、有名になり過ぎて、シーズンには押すな押すなの大盛況となる。ゆっくりと床を眺めるには新緑の頃がいい。名づ

『実相院』門前

けて「床みどり」。しかし、これもまた年々その存在が知られるようになり、多くが床に屈み込むようになった。この辺りが悩ましきところである。

せっかくの美しい眺め。ひとり占めするのは申し訳ないとばかり、僕をはじめ、京都を書く人間はあれこれを紹介する。かつてはその本を、もしくは雑誌を読んだものだけがそれを知り、訪ねたのが、今はネットという波を通して、あっという間に話が伝わっていく。

当節、ネットの影響力というのは凄《すさ》まじいものがあるらしく、かつての都市伝説などとは比較にならないほどの、圧倒的なスピードで話が広まるのだそうだ。洛北の鄙《ひな》びた古寺に咲く一本ざくら。見事な山桜だが地元の人間以外にはほとんど知られていなかったのが、どこかのブログに写真付きで紹介された途端、翌日から見物客が殺到したのだという。時ならぬ大混雑に、地元の人たちは、誰か有名人でも来たのかと訝《いぶか》ったそうだ。

鄙びた古寺でもそんなだから、広く知られた『実相院門跡』なら尚一層。「床もみじ」と変わらぬまでに「床みどり」も混雑を見せるようになった。痛《いた》し痒《かゆ》しだが、それでもなお、この眺めは天下一と言ってもいい。水に映るのとはまた違った光沢が、この「床みどり」の真骨頂。おそらくは人の手によって、毎日磨き込まれる床がなせる業《わざ》なのだろうと思う。

当たり前のことだが、床にもみじや新緑を映すためではない。門跡寺院の常のこととして、清浄を保つために日々、床を拭き、磨いている。それが結果としてこの眺めを生んだわけで、この寺を訪ねたなら、まずそこに思いを致してほしい。雑巾がけなどという言葉が死語になりつつある今、ロボット掃除機とは程遠い世界での、掃除の尊さを改めて見直してみてこそ、床みどりの美しさが際立つはずだ。

これはほんの一例である。寺だけにとどまるものではない。京都を訪れて、美しさに触れたなら、まずはその手入れに思いを馳《は》せていただきたい。日本庭園は言うに及ばず、ふと立ち止まって見上げる庭のさくらにも、きっと人々の丹精《たんせい》が込められている。

すべて、京都の美しさの原点はここにある。人が、人の手が、京都を京都たらしめている。何かにつけ、そう思わせる。京都に生まれ、長く京都に住んでいるからこそ分かる。庭だけではない。ありとあらゆる京都はすべて同じ。多くの人々と、長い時間の熟成によって今の京都の美しさ、尊さがある。だがその努力は、誰の目に触れるものでもなく、ましてや賞賛されることなどない。

驕《おご》れるものは久しからず。そんな言葉を贈りたい人物が今の京都には多く存在している。まるで自分ひとりで今の京料理を作り上げたかのような、傲慢《ごうまん》な態度で料理を語る料理人。それを崇《あが》め立てるかのように、賞賛の嵐を送り続けるフードライターたち。そのどちらからも、過去の、あるいは陰で努力を続ける人々への尊崇《そんすう》の念はかけらも感じられない。今の京都を危うくしているのは、〈今〉の〈表〉の姿にしか目を向けないこれらの現象である。

なぜ人はこの寺の「床みどり」に心を魅《ひ》かれるか、それを理解できれば、京都のあらゆるものの原点を知る端緒になる。

第二章　春の京歩き

東と西のさくら路

本シリーズ、京の街歩きを綴《つづ》ってきて、季節は春。さてどこを歩こうか、と大いに悩んだ。さくらに沿って、では、あまりにありきたり。ではあるが、やはり春の京都といって、さくらを外して歩くのもいかがなものか。

一計を案じた。運よく、さくらの頃に京都を訪れたなら、迷うことなく歩いてみてほしい路。だが、もしも花がまだ蕾だったり、すでに終わっていたとしても、春に歩くにふさわしい路を綴ろうと。つまりは折衷《せっちゅう》案である。

前著三冊はおもに洛内の街中歩きをご紹介してきた。春の締めくくりは洛の西と東。山の端《はし》に沿って歩くことにした。

春ともなれば、心は浮き立ち、足取りも軽い。いくらかのアップダウンがあったほうが、歩き甲斐《がい》があるというもの。

東山は南から北へ。西山は北から南へ。東と西のさくら路。

一．洛東――東山のふところを歩く

蹴上から東の山裾へ

春の京歩き。ひとり歩きと、ふたりで歩くのは、いくらか趣を異にする。

元来京都という街は、ひとり歩きに向くようにできている。数十年歩いてきてそう思うのだから、きっと間違ってはいないだろうと思う。

ぶらりと歩き、ふと気になるものを見つけては立ち止まる。つぶさに見届けたら、また歩き出す。これを繰り返すには、よほど気の合った連れ合いでない限り、歩調を合わせるのは難しい。京都がひとり歩きに向く所以だ。

だが、その唯一とも言える例外が春。春に限って、京都は、ふたり肩を並べて歩くにふさわしい街になる。が、どこでもいいというわけではなく、それにふさわしい場所がある。

洛の端っこ。京都盆地を囲む四方に端はあれども、春のふたり歩きに似合うのは西と東。京都の地図で見れば左と右。だが北から見た恰好に合わせて、西が右京、東側が左京となる。京都を歩こうとするとき、必ず頭に叩き込んでおきたい。

まずは東。右京？　左京？　そう、左京、正解。

歩きはじめは東山、蹴上《けあげ》からとしよう。なぜなら、第四章の近江《おうみ》と結べば、京近江の繋ぎ歩きができるからである。東海道五十三次のクライマックス。大津の宿場からいよいよ京の都を目指す。

大方の旅人はその際、東海道に沿って、三条大橋を目指したが、御所御用の人々は、蹴上から斜めにショートカットしたらしい。そんなわけもあって蹴上。ここから東のさくら路歩きを始める。

『蹴上浄水場』の躑躅の丘

地下鉄東西線の駅がある。１番出口を出れば、そこは国道一号線。昔も今も京都と東国を結ぶメインストリートである。近江の章で詳述するが、ここから東は琵琶湖へと通じる山路となる。蹴上の名が示すように、蹴って上がらねばならぬほどの坂道である。
向かい側の小高い丘は京都の水を一手に扱う浄水場【地図E】。琵琶湖疏水《そすい》を通って運ばれてきた水をここで浄化する。だが、ここはただ、水を清めるためだけの場所ではなく、京都人にとっては、初夏の到来を告げる躑躅《つつじ》が丘一面に花を開かせる名所として心に刻まれている。

この丘の躑躅が満開になり、浄水場内が一般公開されるのは、概ね、ゴールデンウィークの半ば辺りである。時期が合えばぜひ。さくらが終わってしばらくすると、丘の上にちらほらと赤い花が目立ちはじめる。

『日向大神宮』の神々

東の山裾《やますそ》路歩き、最初に訪ねたいのは『日向大神宮』【地図E】。ヒュウガではなく、ヒムカイと読む。拙著でも紅葉の名所として紹介した社だが、秋だけに留めるのは惜しい。春には春の、観るべき景色がある。

一本道の参道が山に向かって延びている。その中ほどに、小さな山門を構える『安養寺《あんようじ》』【地図E】がある。滅多に参拝客など見かけぬ侘《わ》びた寺だが、本堂には恵心僧都《えしんそうず》作と言われる阿弥陀如来を本尊として納め、開基である慈覚大師円仁《じかくだいしえんにん》の像も置く、由緒ある寺である。開基が円仁であることからも分かるように、当寺は『延暦寺』の別所として、比叡山の山中に建立《こんりゅう》されたのを、その後現在地に移し、浄土宗寺院として復興したものである。ちなみに『八坂神社』の近くに同じ名の寺があり、そちらは今は時宗。若き日の親鸞が訪れた寺として、遠忌に当たる平成二十三年には多くが訪れることだろう。参道を奥へ進むとやがて一の鳥居が迎える。ここから右手に進めば、第四章で詳述する山科『毘沙門《びしゃもん》堂』【地図O】へと続く山道。左は『南禅寺』【地図E】に通じる。

桃色の花こそないものの、瑞々《みずみず》しい青もみじは一見の価値がある。何よりこの時期、これほどの静寂に包まれる社は、洛中にはふたつとない。それほどに森閑とした、清冽な空気を湛《たた》える『日向大神宮』。今風の言葉でいうなら、京都でも有数のパワースポットだ。

『安養寺』『日向大神宮』参道

天皇家のホームグラウンドでありながら、京都には天照大神《あまてらすおおみかみ》を祀《まつ》る社がほとんど見当たらない。その訳はおそらく祟《たた》りを怖《おそ》れて、という極めて日本的な理由によるものだろうが、それはさておき、この社の歴史は古く、日本の年号が存在しない頃まで遡《さかのぼ》る。つまりは有史以前に建立された神社なのである。とは言っても諸説ふんぷんなのは、他の社寺と同じ。伊勢参りに倣って建立されたものとも言われている。そしてその説を裏づけるかのように、お伊勢さんと同じく、外宮と内宮に分かれている。ものぐさなれど信心深い向きにはありがたや、京都旅と伊勢参りが一度に叶う。

八百万《やおよろず》の神々。多くの摂社を持つ神社には、「厳嶋《いつくしま》」をはじめ、「春日」、「多賀」と並んで、「天岩戸《あまのいわと》」で知られる「戸隠《とがくし》神社」まである。

「天岩戸」。いかにもそれっぽい入口。背丈より少し高く、手が届きそうな高さの岩に十メートル近い抜け道が掘られていて、ここを潜り抜けると、縁結びにご利益があると言われている。ふたり歩きには恰好の趣向だ。

『日向大神宮』「外宮」

『日向大神宮』「内宮」

こういう趣向は京都の神社のあちこちにある。その代表とも言えるのが東山『清水寺』の奥、「舞台」を出てすぐ左手にある『地主《じしゅ》神社』【地図J】。
神社というものは、何らかのご利益を授かるもので、それぞれにおわします神さまによって、その内容が異なる。たとえば菅原道《すがわらのみち》

『日向大神宮』「天岩戸」

真《ざね》を祀る神社だと学業成《じょう》就《じゅ》や合格祈願。恵比寿さまだと商売繁盛。家内安全などのご利益は概ねどこの神社でも授かれるようだ。

　昨今人気なのは良縁祈願。婚活などという言葉が紙面をにぎわす時代。縁を結べるかどうかも神頼み。『地主神社』は、ご利益をほぼ縁結び一本に絞った珍しい神社。神社の境内にはピンクの空気が満ち溢《あふ》れている。ここで最も有名なのが「恋占いの石」だ。

　社殿前に置かれた一対の石。二、三十メートルも離れているだろうか。この内の一方の石からもう一方の石へ目を閉じて歩き、無事に辿り着ければ恋が叶うというもの。春も盛りとなれば、順番待ちの長い列ができるほどの人気である。今どきの仕掛けかと思いきや、室町時代以前からこの風習は伝わってきたとも伝わり、さらにこの石そのものは縄文時代の遺物だとも言う。信じる者こそ救われる、その典型だろう。

　話を当社に戻して、「天岩戸」はさほど長い距離ではないが、途中直角に曲がっていて、真っ暗になる個所があるので、ふたり歩きの胸をときめかせてくれる。

『日向大神宮』、目立たぬアプローチからは思いも掛けないほどに広い境内である。ひと通り歩いて、元の蹴上に戻るか、『南禅寺』へ抜けるか、悩ましいところだ。

さくら路なら『インクライン』【地図E】を歩いて後、『南禅寺』へと向かいたい。どこが、と探さずとも、少し目を左右に遣《や》れば、きっとさくら色に出会う。

さくら路。歩き方のコツは心持ち顎《あご》を上げ、視線を上に遣ることにある。さすれば前を歩く人波の背中を気にせずに済む。

『南禅寺』「三門」の絶景

『日向大神宮』から『南禅寺』を目指す。おそらくはあまり知られていないルートなのだろう。行き交う人はほとんどいない。もっともそれは、僕の訪れた時期がシーズンオフだったせいでもあるのだが。

ところで、話の方向を少しく変える。

言葉の意を誤解することは少なくない。〈君子豹変《ひょうへん》す〉などがその典型だろう。僕はずっと、この言葉をネガティブにとらえていたが、その過ちに気づき、それこそすぐ豹変することにした。豹変するのはいいこと、それが君子の証《あかし》だと。

『南禅寺』「三門」からの眺め

『京都　夏の極めつき』中で『南禅寺』の「三門」について触れたが、彼《か》の石川五右衛門《ごえもん》の言葉を、いくらか間違えて解釈していた。ここにためらうことなく改める。

縁あって平成二十三年からBSフジで『絶景・旅の時間』シリーズの「絶景温泉」という番組に関わることになった。企画監修のみならず、案内役として画面をにぎわすことになり、一層気合いを入れて、あれこれ調べていたときのこと。ふと気になったのは〈絶景〉という言葉である。そもそも〈絶景〉とは何を指すのか。漠然と分かったような気がしていて、しかしその定義は判然としない。そこでつぶさに繙《ひもと》いてみたのが、石川五右衛門の言葉。『南禅寺』「三門」から見下ろして、〈絶景かな　絶景かな〉と繰り返したという、あれは何を指していたのか。

当然のことのように、都を一望に見下ろす眺めに対しての言葉かと思いきや、さにあらず。〈絶景〉の言葉は、辺りに咲くさくらを眺めてのものだったと知った。石川五右衛門はさくらを見て、絶景と言ったのだ。

『南禅寺』の「三門」から見下ろして、その眺めのどこが、何が絶景なのか。改めて感じ入った早い春。さくらの、さの字もない頃。たしかにこれを絶景と呼べるだろうか。

人は時として、思い込んでしまう。そしてひと度思い込んでしまうと、それを覆すことは中々に難しい。

それと同じように思い込みがちなのが、東山の庭園＝植治《うえじ》（小川治兵衛《じへえ》）の図式。すべての庭は植治からと思っていたが、その前にお手本となる庭を作った人物がいたことに、まったくといっていいほど、思い当たらなかった。それが小堀遠州である。

以下、近江の章でも述べるが、京近江を結ぶ人物として、小堀遠州の存在は際立っていることに遅ればせながら気づいた。加えて、その透徹した美意識は、武士と、都の貴族の桟《かけはし》にも見える。今少し、その人物像を見直してみたいと思う。

庭を愛でる――小堀遠州の美

『南禅寺』とひと口に言っても、そのエリアは広い。大きく三つ。「三門」そして塔頭《たっちゅう》『南禅院』と『金地院《こんちいん》』【地図E】を含めてすべてが『南禅寺』である。

つぶさに観るべきは塔頭『金地院』。小堀遠州渾身《こんしん》の作とも言える庭がある。

庭の前に『金地院』のことを少し。

応永年間、鷹峯《たかがみね》に開いた寺を江戸期のはじめ頃になって、この地に移築したもの。「方丈」は伏見城の遺構と伝わり、創建当時は日光に比肩《ひけん》するものだったと言われる「東照宮」をも擁《よう》する。あるいは明智光秀《あけちみつひで》が母の菩提《ぼだい》を弔《とむら》うため、大徳寺に建立した「明智門」もこの寺に移築され、優美な姿を見せている。これらすべてに遠州が関わっていると言われているが、定かな証はない。

さて小堀遠州の庭。「鶴亀の庭」と名づけられた方丈庭園である。茶室は三畳台目《さんじょうだいめ》の『八《はっ》窓席《そうのせき》』。重文に指定され、〈京都三名席〉のひとつとされる。後のふたつは、洛北『大徳寺』『弧蓬庵《こほうあん》』の『忘筌席《ぼうせんせき》』と、『曼殊院《まんしゅいん》』の『八窓軒《はっそうけん》』。いずれも小堀遠州の手になるものと伝わっている。

だが、遠州が作庭したと伝わる多くの庭園の中で、直接遠州が指揮を執《と》り作庭したという確実な証拠が残されているのは、ここ『金地院』の「鶴亀の庭」、ただひとつと言われている。『南禅寺』大方丈の庭園もきっと遠州の作だろうが、確たる証はないのだという。

ちなみに、しばしば混同される〈日本三名席〉は、〈京都三名席〉とは別。

『妙喜庵』の『待庵《たいあん》』。『大徳寺　龍光院』の『蜜庵《みったん》』。愛知県犬山市にある『有楽苑』の

『如庵《じょあん》』の三つを〈日本三名席〉と呼ぶのは、どれもが国宝に指定されているからでもある。

話を「鶴亀の庭」に戻す。

言うまでもなく、鶴と亀は縁起物である。鶴は千年、亀は万年。長寿の象徴でもある。不老長寿を願うかのような庭。ベタと言えばベタなテーマ。が、これを枯山水の手法で造り上げたところに深みを感じる。

日本庭園にはもうひとつ、池泉《ちせん》回遊式庭園という形式があり、こちらは池の水をメインにしているから、動きがある。これを〈動〉とするなら、枯山水は〈静〉。どちらに生命を感じるかと言えば当然〈動〉。〈静〉は無生物とも取れる。なればこそ、その枯山水に永遠の生命を吹き込もうと

『金地院』「方丈」

『金地院』「明智門」

したのではないかと思うに至った。池の水が絶えず流れているように、鶴が巣籠《すごも》りし、亀が海原に遊ぶ庭は悠久の時を刻んでいるのではないか、と。

白砂が印象的な庭だ。海に浮かぶ宝船を表しているとも言われる広い白砂が目にまぶしい。

寺社にせよ屋敷にせよ、庭を造るにあたっては、必ず依頼主、すなわち施主がいて、その依頼に応じて庭の構想を練り、造り上げるのが庭師の仕事である。前著で記した植治と同じく、小堀遠州もまた施主の思いを汲んで庭を造った。

後の時代になって、多くの目に触れるようになった庭だが、当初は徳川家ゆかりの人々だけの目を喜ばせるための庭だったはず。つまりこの「鶴亀の庭」は徳川家の弥栄《いやさか》を願ってデザインされたものだと思えば、なるほどと合点がいく。

応仁の乱で焼失した『南禅寺』を再興したのは、以心崇伝《いしんすうでん》だった。家康の側近としてその権勢を誇り、徳川家の黒幕的な存在だった崇伝の依頼とあれば、当然ながらそれを意識せざるをえない。遠州もまた武士であり、徳川の幕臣でもあったのだから、将軍をはじめとする徳川家の人々を、いかにしてこの庭でもてなすかを考えたに違いない。

右手に鶴石、左手に亀石が一対を成す。その間には平たく巨大な石が置かれている。これは庭の奥に建つ「東照宮」を遥拝《ようはい》する「礼拝石」。そしてその石の背後には〈蓬莱山《ほうらいさん》〉を表

『金地院』「鶴亀の庭」

す石組みが置かれる。
鶴の首は江戸を向いているとも伝わり、すべては徳川家繁栄を願う仕組みになっている。くどいようだが、ここでもまた、京都が〈時代都市〉であることをつぶさに表していると思う。今この場所にある「鶴亀の庭」だけを見ていたのでは、その庭を造った遠州の意は伝わらない。一六三二年五月。この庭が出来上がった頃の時代背景に思いを馳せることによって、はじめてこの庭の真意が分かるのである。
崇伝の依頼で造った「鶴亀の庭」。その完成を江戸で大いに喜んだが、結局崇伝はこの庭を見ることなくこの世を去った。そんな無念をも思えば、庭の味わいも一層深くなる。
改めて庭を眺めてみる。

通常の日本庭園だと、すぐ前に緑があるのに対して、この方丈庭園は緑が遠い。そして幾重にも緑が重なっているから、果てしないほどの奥行きを感じる。東山を借景にして、その手前に松原がずっと広がっているような錯覚を覚えてしまう。

鶴だと言われればそう見えてしまうし、海に潜ろうとしている亀だと言われれば、そんな気もする。そもそも白砂が海に見えることすら不思議な話。これが遠州の遊び心であり、深遠な哲学なのだろう。借景、遠近法、さらには大刈込といった手法を駆使し、そこにはない景色を生み出してしまう。

茶の湯、華道、建築、作庭、工芸。さまざまな日本文化の礎を築いた小堀遠州は、ただ感性の人ではなく、どこかに理科系の知を携えていたのだろうと思う。計算という技能がなければ、ここまでの庭を造り上げることは不可能だったはず。言うなればは日本のレオナルド・ダ・ヴィンチ。そう考えれば納得がいく。

水の力で不思議な音を奏でる水琴窟《すいきんくつ》も、小堀遠州考案だと言われる。理系の知をもって風雅な設《しつら》えを作りつつ、戦国大名に仕えた武士でもあった遠州は、城郭《じょうかく》造りにもその才を発揮した。駿府《すんぷ》城に始まり、名古屋城、大坂城など、優美な名城を造り上げた設計力は庭園にも生かされる。

植治は庭だけに専心した職人だが、遠州は作庭家であり、茶人、科学者、武士、アーティストと、さまざまを兼ね備えた人物であった。そこに目を遣れば、また違った一面が見えてきて、庭を見る目も変わってくる。それまでをも愉しめるようになれば、京都に限らず街歩きの達人の域に達している。

＊

さて『南禅寺』に戻ろう。

「法堂」の本尊は釈迦如来。脇に文殊、普賢菩薩を従える。「三門」の楼上にも宝冠釈迦座像がいらっしゃる。

先に、石川五右衛門の〈絶景かな〉に触れたが、実はこの言葉そのものがアヤシイ。なぜならこの「三門」の建立は、五右衛門の死後三十年も経《た》ってからとされているのだから。どこがどうなって、こういう話が生まれたのか。

そもそも石川五右衛門は実在の人物だったのかどうか、すらアヤシイ。イエズス会の宣教師の日記に、油で煮られた盗賊として、それらしき名前が記されているのは有名な話だが、それとはまた別に同名の伝説の人物もいるようだから、話はややこしい。いずれにせよ、この「三門」からの眺めは素晴らしい。そして「三門」の楼上もまた見どころが多く、多くの像が居並ぶ様も目に留めておきたい。

『京都市動物園』に遺された幻の塔――『法勝寺』

『南禅寺』の後にぜひとも訪ねてほしいのが『京都市動物園』【地図E】。京都に生まれ育ったなら、必ず一度や二度は訪ねている。小さいながら猿山もあって、なかなかに愉しい。

最近人気急回復の動物園。とは言っても、北海道の『旭山動物園』のように、ニュースタイルの観覧法で人気を呼んでいるのではなく（無論さまざまな工夫がなされているが）、京都の歴史的遺構に触れることに歴史ファンが注目しているのだ。

歴史上の言葉で言うなら〈院政期〉。白河《しらかわ》上皇の頃だ。この動物園の周り、岡崎の地に〈勝〉という字の付いた寺が六つ建設された。だがこれらの六寺はなぜか忽然《こつぜん》と姿を消してしまい、今に残るのは町名だけである。法勝寺《ほつしようじ》町、成勝寺《せいしようじ》町、円勝寺《えんしようじ》町、最勝寺《さいしようじ》町。地図を見れば、それらをたしかめることができ、概ね今の『岡崎公園』がすっぽり入る領域だ。

動物園の所在地名は、左京区岡崎法勝寺町。この『法勝寺』の遺構を園内でたしかめることができる。

かつてこの『法勝寺』の金堂の前には池があり、その中に作られた島に大きな塔が建っていたという。八角九重の塔。その高さはなんと八十一メートルにも及ぶものだったと伝わる。近世以前では日本一の高さだったと言われる洛南『東寺』の五重塔が、約五十五メートルだから、いかにこの『法勝寺』の九重塔が高い塔だったかが分かろうというもの。

　動物園の中には池があって、池の渡し橋のようになっているのが、なんと九重塔の礎石だというのだからおもしろい。

『法勝寺』遺構が残る池

　これが京都という街。どこの街の動物園に行こうが、その中に古寺の、それも消えた寺の遺構が残されているところなど、まずないだろう。古池は噴水に姿を変えても、かつての姿を彷彿《ほうふつ》させる。それが動物園の中にある、というのがいかにも京都の街。

　動物園へ寄り道した後は、ふたたび山裾に戻って北へ歩くが、その前にもうひとつ寄り道して行こう。

　疏水べりを歩くのである。動物園の南側から西へ。突き当たりを北に折れる。そしてまた突き当たったら、流れに沿って西へ。鴨川まで続く疏水には多くさくらが植わっていて、水面に桃色の花を映している。空があり、花の木があり、そして水が流れている。さまざまにさくらの花はあれども、心を安らげるのは水辺のさくら。

秋に書いた『平安神宮』【地図F】に辿り着く。無論さくらの名所である。広い庭園のそこかしこにさくらの木が植わり、どの花も風情を漂わせている。わけても谷崎好みの枝垂《しだ》れ桜がいい。作中ヒロインの言葉にあるように、一年待つ甲斐は必ずある。待って、待って、ようやくその蕾が膨らみ、やがて花を開かせる。ひとはきっとさくらの花に人生を重ねるのだろう。いつかはきっと。そんな願いを込めて改めてさくらを観る。

『黒谷さん〈金戒光明寺〉』の夕陽

『平安神宮』から北へ、丸太町通へ出たらぜひとも足を運びたいのが『金戒光明寺《こんかいこうみょうじ》』【地図E】。京都人風に言うなら〈黒谷《くろたに》さん〉だ。

京都の通例として、たとえばタクシーに乗って〈コンカイコウミョウジ〉と行き先を告げても怪訝《けげん》な顔をするドライバーもいるだろう。〈黒谷さん〉と言い直せば、すぐに承知してアクセルを踏み込むはずだ。

なぜ〈黒谷〉かと言えば、それは鎌倉時代、法然《ほうねん》上人がこの寺を創建した頃に遡る。

比叡山西塔《さいとう》に『青龍寺《せいりゅうじ》』という寺があり、この寺はまた〈黒谷青龍寺〉とも呼ばれている。この〈黒谷〉は地名を指しており、元を正せば大黒天の出現した場所のこと。すなわち〈大黒谷〉だったのが、いつしか大を省いて〈黒谷〉になった。その地で修行を積み、ここから山を下りた法然が創建した寺ゆえ、『金戒光明寺』を〈黒谷さん〉と呼ぶようになり、本家の『青龍寺』のほうは〈元黒谷〉になった。

その〈黒谷さん〉。少しく高台に建っているので、山寺の風情も漂わせる。正しくは『紫雲山くろ谷金戒光明寺』。紫の雲がたなびき、陽の光、つまり光明が辺りを照らしたことからその名がついた。

本来であれば当寺を参拝するのは彼岸の頃がふさわしい。なぜならこの寺から西山を眺めて、真っ赤な夕陽が沈んでいく様を、つぶさに見ることができるからである。ビルの上からは除くとして、洛内で西山に沈む夕陽を望める場所は他にないと言ってもいい。春秋の彼岸の中日にもしも京都を訪れていたなら、夕暮れには必ずこの寺へ足を運んでみたい。

『金戒光明寺』

さて、さくら。全山あちらこちらにさくらの花がある。

「山門」の前の石段には、散り初《そ》めの頃になればさくらの絨毯《じゅうたん》が敷かれる。

「阿弥陀堂」の周りも、「吉備《きび》観音」「三重塔」もさくらで彩られる。

「鐘楼《しょうろう》」を覆い尽くすようなさくら、「極楽橋」の畔《ほとり》に咲くさくら、蓮池に映るさくら。どれもが限りなく美しい。さくら、さくら、さくら。


十八もの塔頭を擁する寺。広い境内には多くの墓所もあり、箏曲《そうきょく》八橋流の創始者である八橋検校《やつはしけんぎょう》の墓や、幕末の動乱で命を落とした会津藩士の墓所もある。さくらと墓。これもまた不思議と絵になる。不謹慎だろうか。さくらを胸に描きながら死んでいった侍や兵士たちは数知れず。花の命ははかなくも短い。

「うなづきの弥陀」と花々

〈黒谷さん〉を抜けて『真如堂《しんにょどう》』【地図E】へと辿るのもいい。この寺にもまた見事なさくらが咲き競う。

『真如堂』の真如とは、あるがまま、を意味する仏教言葉で、真理を指すものでもある。天台宗の寺院で、正しくは『真正極楽寺《しんしょうごくらくじ》』。本堂の名前がそのまま寺名の呼称になったのが

『真如堂』。

慈覚大師が近江の国で霊木を見つけ、そこから座像と立像、ふたつの阿弥陀さまの形が現れたことからこの寺の歴史が始まる。掘り出された座像は後に『日吉大社』念仏堂の本尊となるが、立像の霊木はそのまま大師が持ち、唐に渡る。帰途、荒海に翻弄《ほんろう》されたが、その波間から阿弥陀如来が現れた。それを持ち帰った大師は立像の霊木を彫り、阿弥陀さまを作り上げて、その胎内に海から授かった阿弥陀さまを納めた。

さてその立像の阿弥陀さま。完成間近となり、眉間《みけん》に白毫《びやくごう》を入れようとすると、なんと如来はそれを拒んだというのだ。

『真正極楽寺』

ならば都に入って女性を主に、人々を救ってください。そう大師が言うと阿弥陀さまは大きくうなずき、それを承諾したと言われる。『永観堂』が〈見返り阿弥陀〉と呼ばれる所以である。『真如堂』は〈うなづきの弥陀〉。

そして時を経て、開祖の夢枕に老僧が現れ、そのお告げにしたがってここに寺を定めたというわけだ。老僧はまた女人済度《さいど》を強く奨めたことから、今もこの『真如堂』は女性を救う神さまとして信仰を集めている。

それ故かどうか、「本堂」のすぐ横には春日局《かすがのつぼね》お手植えと伝わる〈たてかわ桜〉がある。

この寺に眠る、明智光秀の家老を務めた斎藤利三《さいとうとしみつ》を供養するために、娘である春日局が植えたさくらはエドヒガン系の花。普通さくらの木は、幹の皮目が横に走るが、これは縦に皮目が走っている。ゆえに〈たてかわ桜〉。石柱で囲われていて目近にできないが、遠目にもそれは分かる。

境内には他におよそ七十本のさくらがある。その多くはソメイヨシノだが、「鐘楼」の周りに咲く八重《やえ》桜の美しさが際立っている。鐘の周囲をぐるりと囲む十本近くの八重桜。「鐘楼」の土台に立つと、全身をさくらで包まれたような気になる。

あるいは「三重塔」の南にある枝垂れ桜。この木の手前に立ち、塔を見上げると、そこに枝垂れ桜の花が被《かぶ》さり、得も言われぬ眺めを見せてくれる。

もしもさくらの季節以外に訪れたとしても、まだまだ花はある。

さくらに先駆けて咲く馬酔木《あせび》の白い花は、一月から四月まで。三月彼岸頃なら「本堂」の裏手で山茱萸《さんしゅゆ》の黄色い花が咲く。「薬師堂」の前に咲く山茱萸は都では比較的珍しい花。〈黒谷さん〉の夕陽と合わせればいい。

さくらの後には躑躅や白山吹、シャガの花が次々と咲く。中でも四月の終わり頃に咲く藤は見事な紫の花を提げる。「本堂」横に座する阿弥陀さま。〈阿弥陀如来露仏〉には、その台座の蓮弁に〈木食正禅造立《もくじきしょうぜん》〉と刻まれている。高野山で修行を積み、大阿闍梨《あじゃり》にまで上り詰めた正禅上人の偉業を讃えている。

五穀を絶ち、生の木の実を食べて修行を積んだ木食上人。五穀を絶つどころか美食三昧《さんまい》の日々を送る身にはいささか厳しく映る。ご尊顔をまともに拝むことすらできないゆえ、藤棚に咲く藤でお顔が隠れる頃にお参りする。同輩にもおすすめしたい。

『哲学の道』と関雪桜

『真如堂』を後にして、白川通を東に渡り、鹿ケ谷道も越えれば、ようやくそこに『哲学の道』【地図E】が南北に細く延びていて、道に沿って疏水の細い流れが北へと向かっている。

霞たなびく山ふところに抱かれる散歩道。それが『哲学の道』。琵琶湖から引かれた疏水沿い、思索に耽《ふけ》る道がのんびりと続く。

間近に迫る東山の早い緑を仰ぎ、さらさらと流れる水音に春の訪れを感じる。道沿いには

『哲学の道』に咲き誇る関雪桜

『法然院』や『銀閣寺』など名刹も多いが、すでに本シリーズで書いたので、そちらをご参照いただきたい。和菓子処、ティールームなど、一休みする店にも事欠かない、絶好の春の散歩道だ。この道の春が実に艶やかなのは、川に向かって枝を伸ばすさくらが数多く植えられているからだが、水辺のさくらは必ずと言っていいほど、川面に向けて花を開くのはなぜか。哲学ほどではないにせよ、思索に耽りながら歩くのもいい。

ところで、この『哲学の道』に植えられたさくらは〈関雪《かんせつ》桜〉と呼ばれる。

明治の終わり頃から大正期にかけて活躍した日本画壇の重鎮《じゅうちん》、橋本関雪が寄贈した花だからそう呼ばれるのだ。

近江の章でも述べるが、関雪の墓所は、近江の国と京を結ぶ、逢坂山の峠に建てた別荘跡にある。今の『月心《げっしん》寺《じ》』【地図R-f】。

兵庫県に生まれた関雪は、京都に来て、岡崎から南禅寺、そして銀閣寺へと移り住んだ。まさに今回ご紹介している、東のさくら路を北に辿ってきたのである。

『哲学の道』。さくら咲く時期は大勢の見物客でにぎわうが、普段は静かな細い土道である。北へ北へと辿り、『銀閣寺』の参道に出るといきなりにぎやかになり、土産物屋がずらりと立ち並ぶ。さくらの夢は一旦ここで絶たれる。和菓子に交ざって、新物の「じゃこ山椒《さんしょう》」が春を告げている。山椒の木が香り出すと京都の春は一気に深まる。

参道を西へ辿る。広いバス通りには北側に疏水の流れがまだ続いている。そしてまたさくらの花が見えはじめる。

妻よねのための茶室

左手南側に目を移すと『白沙村荘《はくさそんそう》』【地図A】が見えてくる。橋本関雪の邸宅兼アトリエだった場所だ。この庭園もぜひ観ておきたい。なぜならそこに関雪の想いが込められていて、それは〈関雪桜〉に繋がるからだ。

関雪には、よねという愛妻がいて、仕事も暮らしもすべてその妻に支えられて生きてきた、そんな感謝の念を絶えず持ち続けていたのが関雪。だが哀しいことに、よねは病弱であちこち連れ歩くことは叶わない。なんとか妻よねに感謝の意を伝えたいと願った関雪は、庭園内に茶室を造ることを思いつく。

「倚翠亭《いすいてい》」「問魚亭《もんぎょてい》」「憩寂庵《けいじゃくあん》」三つの茶室はすべて、妻よねを愉しませるために関雪が自ら設計して造り上げたもの。ふたりがいかに深い愛で結ばれていたかが分かろうというもの。

さて〈関雪桜〉。これもまた妻よねに深い関わりを持つ。

長く京都に暮らし、画家として大成できたのも、京都の街のおかげだと思った関雪は、何か京都に恩返しがしたいと妻よねに相談する。と、よねは近くの路『哲学の道』沿いにさくらの木を植えることを提案する。それにしたがって関雪は、大正十年、およそ三百六十本のさくらの若樹を寄贈し、今日花を咲かせるに至っている。

京都の街中を流れる川はすべてが、その地形に沿って北から南に流れている。北へ行くのを上る、南へは下る、その言葉通りである。が、この『哲学の道』沿いの疏水だけは逆。南から北へ向かってその水を流している。琵琶湖から引いた水ゆえそうなるのだが、これが実に粋な計らいを見せてくれる。

『白沙村荘』の前を西へ流れる疏水はその近くで一旦暗渠《あんきょ》となる。そこからさらに西へと流れは続くが、交番の裏手辺りで水はせき止められる。

さくらの花が大方咲き、そして散りはじめた頃。新聞の花便りでは〈落花盛ん〉という頃である。ぜひここに足を運んでいただきたい。疏水の水面を埋め尽くすような花筏《はないかだ》が観られるからだ。それはまるで関雪が仕組んだかのようで、きっと妻よねが生きていたら見せたかっただろう光景だ。水のかけらも見えず、ただただ、さくらの花びらだけが水面に漂う。

思わぬ贈り物ほど心を温めるものはない。散ってしまったさくらを惜しむより、花筏という姿に変え、最後まで愉しませてくれる〈関雪桜〉に、それを作る琵琶湖疏水に感謝の念を抱きながら、東のさくら路を閉じる。

二．洛西の山端に沿って

鷹峯から西の山裾を歩く

春はさくら。さくらといえば京都。洛の東西南北。いくつもの名所がある。その花の色づき、開き加減に応じて歩き分ければいいのだが、どこか一つを、となれば迷わず洛西にとどめをさす。もみじの秋は洛東に譲っても、春は洛西に限る。

北は鷹峯の『常照寺《じょうしょうじ》』【地図D】から南は山越《やまごえ》、梅ケ畑《うめがはた》の『平岡《ひらおか》八幡宮』【地図H】まで。

距離にして七、八キロ。途中アップダウンもあり、山道と言えなくもない。健脚の方なら二時間強、ほぼ一万歩の行程。もっともそれは一目散という前提に立ったもので、境内で花を求めてさまよい歩けば、その倍近い時間は必要だろうが。

とまれ無理は禁物。概ね京都市バスの路線に沿ったさくら路、くたびれたならバスでショートカットしたい。

もっとも避けたいアクセスは車。マイカーにせよ、レンタカーにしても同じ。道が狭い上に駐車場が少ない。ましてやそれがさくらの季節なら尚一層。タクシーという手もなくはないが、その際は必ずこの界隈によく通じたドライバーを指名したい。地元でしか知られていない抜け道がなくもない。

『常照寺』

さくらともみじは裏表。僕が勝手にそう言っているに過ぎないのだが、京都を旅するとき、この言葉はきっと役立つので覚えておいてほしい。

つまりは、さくらの美しいところはきっともみじも綺麗で、その逆もまた真なり。もみじの名所は概ねさくらの時期に訪れても、その美しい姿を見せてくれる。

洛北鷹峯。本阿弥光悦《ほんあみこうえつ》が芸術村を開いた地は、もみじの名所としてつとに名高い。十一月も半ばを過ぎた頃から、この界隈は人で溢れ出す。マイカー、タクシー、歩行者が入り乱れ、休日ともなれば身動きが取れなくなるほどに混雑する。

もみじの名所と決め込んでいる人たちは、さくらと言って、鷹峯を訪れようとはつゆほども思っていない。ゆえに秋に比べれば、その人出は格段に少ない。

〈京の七口《ななくち》〉と呼ばれるものがあって、それは各地方と都を結ぶ出入口のこと。鎌倉時代に始まり、安土桃山期に入って、秀吉が都の周囲を囲む〈御土居《おどい》〉を築いて後に定着した言葉。七口と言いながら、諸説あり、概ね九つほどの〈口〉が知られている。中で今もその地名に〈口〉が付いて有名なのは鞍馬口《くらまぐち》と荒神口《こうじんぐち》、粟田口《あわたぐち》辺りだろうか。

鷹峯辺りは長坂口と呼ばれ、〈京の七口〉のひとつに数えられていた。若狭《わかさ》の国と繋がる周山《しゅうざん》街道の起点は、宿場町としても大いに栄えたようだ。

ＪＲ「京都」駅から地下鉄烏丸線に乗って、「北大路《きたおおじ》」駅で降りる。所要時間は十二分。駅から連絡通路を通ってバスターミナルへ。

「北大路」駅のバスターミナルは行先の方角によって、赤と青の乗り場に分かれている。目指すは青乗り場である。Ｅと表示された停留所で待つ。北１系統、「玄琢《げんたく》」行に乗る。

『常照寺』の「吉野門」

北大路通を西へ進んだバスは堀川通を北上する。北山通を西に向かい、と少々複雑なルートを辿りながら鷹峯を目指す。途中『常徳寺』といったシブイ寺の横を通ったり、一旦南下してみたり。愉しい寄り道バスを降りるのは「鷹峯源光庵《げんこうあん》前」という停留所。

　バスを降りたら比叡山に向かって東に歩く。と、しばらくして目指す寺に行き着く。目印は民家の東横に建つ石柱。その横に細い参道が北に延び、右手には駐車場が広がっている。

　石畳の奥に見える山門が、世に知られた「吉野の赤門」。吉野は京都島原の遊女、吉野《よしの》太夫《たゆう》を指す。

　時代は江戸の初期に遡る。東山三十三間堂近くで、西国武士の子として生まれた徳子は訳あって遊女となる。その際立った美貌から十四歳という若さで太夫の位に就き、源氏名を最初〈浮船〉と名乗っていた。が、島原のさくらを詠《よ》んだ句にちなみ、名を〈吉野〉に変えた。今と変わらず、昔もさくらと言えば〈吉野〉だったのである。

吉野太夫は書画、茶の湯、琴、華道をよくし、諸芸にすぐれた太夫として絶大な人気を誇ったという。

そんな才色兼備な女性に言い寄る男は数知れず。身請け合戦の後、最後に残ったのはわずかにふたり。ひとりは近衛家の公卿、もうひとりは本阿弥《ほんあみ》家と縁戚関係にある灰屋紹益《はいやしょうえき》という豪商だった。

最後には紹益が千三百両という大枚をはたき、当時二十六歳だった吉野太夫を身請けする。が、父親の反対にあってふたりはかけおちしてしまう。

と、ここからが物語のハイライト。

息子紹益を勘当し、ふたりをかけおちにまで追いやった父親が、ある日ひどい雨に遭《あ》う。父はたまさか通り掛かった家で傘を借りようとする。その家の女性は父を家に招き入れ、丁重にもてなす。茶を点《た》て、父の衣服を整え、充分にもてなして後、傘を差し出した。

その立ち居振る舞い、美貌、優しさ、すべてに感動した父が名を訊けば、なんとそれが吉野太夫だったという。

当然のごとく、父は勘当を解き、ふたりを東山のふもとに住まわせた。が、そんな幸せもつかの間。吉野太夫は三十八歳の若さでこの世を去る。ふたりがともに暮らしたのはわずかに十二年だった。
嘆き悲しんだ紹益は、荼毘《だび》に付《ふ》された吉野の骨灰《こつばい》をすべて飲み尽くし、歌に詠んだ。

――都をば　花なき里となしにけり　吉野の死出の山にうつして――

ふたつの翼

身請けされた頃に話を戻す。吉野太夫はそのときに得た金子《きんす》をすべて投じて、山門を寄進するのだ。『常照寺』の開祖となった日乾《にちけん》上人に帰依《きえ》したゆえのことだった。

参道を歩き、赤い山門までの間に咲くさくらは〈吉野桜〉と呼ばれている。遅咲きである。洛中のさくらが散りはじめた頃に満開を迎える。

境内に入って目に映るのは、杉木立を背にして、可憐な花を枝から提げる枝垂れ桜。うまくすれば、名残《なご》りの紅白梅との競演も愉しめる。寺らしい風情をと望むなら、境内の最奥に建つ「鬼子母神堂《きしもじんどう》」前の枝垂れ桜がいい。小さな草堂を覆い尽くすかのように、たわわに枝を伸ばし、薄桃色の花を開かせる。

広い境内には、この「鬼子母神堂」の他に、吉野太夫の墓を持つ「開山堂」や、高台には吉野太夫が愛した「吉野窓」を備える茶席「遺芳庵《いほうあん》」などもあり、見どころは多い。わけても心に残るのは「遺芳庵」の奥に佇む「比翼塚《ひよくづか》」。

骨灰を飲み干すまでに深い愛情を持っていた紹益の墓はこの寺にはなく、洛中『立本寺《りゅうほんじ》』にある。ともに眠ることができないのを哀れに思った歌舞伎役者らが中心となって、ふたりの名前を刻んだ塚を建て、「比翼塚」と名づけた。翼を並べることでふたりの霊を慰める。

今にも鷹が飛び立とうとするかに見える「比翼石」も同じ庭にある。

二羽の鷹が並んで悠々と空を泳ぐ姿が目に浮かぶ。この地を鷹峯と呼ぶのは、そんな光景からだろうか。

「比翼塚」

毎年四月の第三日曜。当寺では「吉野太夫花供養」が行われ、艶やかな太夫行列が再現される。

次項で述べる『光悦寺《こうえつじ》』【地図D】から当寺まで、打ち掛け姿の太夫たちが、古風な髪型で禿《かむろ》や男衆たちを従えて、独特の歩調で、ゆっくり、ゆっくりと練り歩く。

追善法要が営まれた後、野点《のだて》の茶会も催され、春の一日、この界隈は艶やかな空気に包まれる。

――ここにさへ　さぞな吉野は　花盛り――

〈浮船〉が吉野太夫と呼ばれるきっかけとなった歌。この歌を詠まなければまた違った人生を歩んだだろうに。

＊

近くには名にし負う古刹《こさつ》が点在している。降りたバス停まで戻り、西に向かって歩けば、すぐに『源光庵』【地図D】がある。前著でも書いたようにここは〈迷い〉と〈悟り〉の窓で知られる寺。あまりに有名になり過ぎて、迷うひまも悟りを開く余裕もなく、人波に紛《まぎ》れてしまうことが少なくない。人の出入りをたしかめてから拝観するのが得策だ。

『源光庵』の白い土塀が長く続き、右手に小学校を見ながらさらに西へ。

この辺りは塀の向こうから枝を伸ばすソメイヨシノが多く花をつける。吉野桜に比べると幾分情趣を削《そ》がれるが、それもまたよし。青空をバックに咲くソメイヨシノは日本の原風景になりつつある。

『光悦寺』

と、小学校の校門の向かい辺りに控えめな白い看板が立っている。この横が『光悦寺』の入口。立て札の横に細い石畳の参道が奥に延びている。

太夫行列の出発点『光悦寺』。ここを寺だと決めつけて歩くと、戸惑うことになる。無論、形としては、大虚山と号する、れっきとした日蓮宗の寺院で、本尊は十界大曼荼羅《まんだら》である。だがここは元をただせば、徳川家康から拝領した地に、本阿弥光悦が構えた屋敷の跡。そのせいもあって、境内を歩いていて、寺という実感が薄い。線香臭くないとでも言えばいいのだろうか。

『光悦寺』参道

刀剣の研磨、鑑定を生業《なりわい》とする家に生まれ、書家として名をなしたのみならず、漆芸、陶芸、茶の湯にも秀で、稀代のアーティストとして、その名を残した本阿弥光悦。親族や工芸家をこの地に呼び集め、一大芸術村を築いた。『光悦寺』は、その名残りだと思って歩くのが正しい。芸術家の山荘跡だと思えばいい。

「光悦垣」とも称される「臥牛垣《ねうし》」が張り巡らされた敷地には、七棟の茶室が建つ。きっと往時は公家、武士たちが集い、茶席が開かれていたのだろう。

さくら路としては、ほんの寄り道程度と割り切り、ここは秋のもみじを思い浮かべるのがいい。何しろ本物のもみじの頃、この狭い参道が人でぎっしりと埋まるのだから。

バス停の近く、鷹峯の交差点に戻り、南へと歩く。しばらく行くと、マンションを越えてすぐ、右手に古民家が見え、看板に『松野醤油』【地図D⑦】とある。文化二年創業の老舗《しにせ》醤油店。京の味を土産にするには恰好の店である。

「光悦垣」

『しょうざん』の桜とチャイニーズランチ

ここを通り過ぎてすぐ、同じく右側に、寺の入口にも似た土塀が開き、『しょうざん光悦芸術村』【地図D】と看板にある。三万五千坪にも及ぶ一大庭園。ここでランチという選択も悪くはない。敷地内に花を開くのは多くが八重の紅枝垂れ。四月の十日を過ぎた辺りが見頃になるだろうか。『常照寺』もそうだが、基本的にさくらは山の端に上るほど花が遅くなる。洛中が散りはじめたら、洛北へと足を延ばすのが都のさくら。

『しょうざん』。京都人には名所というより、スポーツ施設としてのイメージが強い。ボウリング場、プール。若者にとっては、ちょっとだけ背伸びをする社交場のような存在でもあった。ランチタイムにおすすめするのは中華料理。

日本庭園を歩き、さくらを愛でた後に中華料理というのも、一見ミスマッチに思えて、しかし、その意外性も中々味わい深い。

『楼蘭』

庭園の中に建つ白い館がその『楼蘭《ろうらん》』【地図D⑨】。侘びた地には稀《まれ》なスタイリッシュチャイニーズ。メインディッシュとご飯ものがセレクトできて、前菜とスープが付いたランチコースは千七百三十二円。デザートセットを追加しても二千三百十円。ロケーション、内容を加味すれば、コストパフォーマンスは高い。

『わかどり』

「むしり焼き」は手づかみで

ちなみにこの『しょうざん』には、昼は営業していないのが残念至極だが、京都でも老舗の部類に入る鶏料理店があって、わざわざに訪ねても損はない。

と書いて、ひょっとしたらと電話でたしかめてみてよかった。土、日、祝日のランチ営業が始まったと聞いた。週末なら、うまい鶏が食べられる。

店の名は『わかどり』【地図D⑧】。まるで信州の片田舎に建つような、鄙びた藁《わら》葺《ぶ》きの古民家。靴を脱いで上がり込む店内は意外に広い。ひとりふたりならカウンター席がいい。あるいは席が空《あ》いていれば、庭を眺める座敷もいい。

僕の記憶に間違いがなければ、たしか軽井沢、テニスコート横にある同名店にゆかりがあるはず。メニュー構成もよく似ている。軽井沢のほうはかなりの人気ぶりで、いつも行列ができ、相席も当然で、あれこれ窮屈なルールがあったりして次第に足が遠のいたのだが、この『しょうざん』の『わかどり』は至って気楽。鶏居酒屋の雰囲気で、ゆったりと飲み食いできる。

むしり焼き、から揚げ、チキンカツは、僕の三大おすすめ料理。わけてもむしり焼きは、掌《てのひら》ほどの肉を手づかみで齧りつくワイルド感が堪《たま》らない。テーブルに置かれた壺には特製のタレが入っていて、これをつけるとより一層旨みが増す。あと、〈やめられない〉と〈とまらない〉という、かっぱえびせんのCMをもじったネーミングのメニューがあって、名前はおふざけだが、味は真剣。売り切れていなければぜひ一度お試しあれ。

夜にここを目指して、夜桜見物と洒落込《しゃれこ》むのも意外性があっていい。

だがもしも、京都に来て花見の途上、鶏料理や中華料理はどうも、と思われる向きには、別の選択肢が後に用意してある。ここは花を愛でながら通り過ぎるだけでもいい。

広大な敷地は、西側に別の出入口を持つ。『楼蘭』や『わかどり』からはこちらのほうが近い。西側のアプローチから敷地を出ると、そこは『金閣寺』に通じる鏡石通だ。

地名の由来にもなっている「鏡石」とは、文字通り鏡のような石のことを言い、かつてはその石を参詣する善男善女が溢れ返るほどの名所だったと伝わる。

金閣寺を擁する（左）大文字山の岩肌が露出し、何らかの理由で鏡肌になったものだろうが、この「鏡石」に我が身を映し、髪を梳《す》いた女性がいただの、石に映った我が姿に驚いた牛が暴れたなどの記録が残っているのだそうだ。

『しょうざん』から『金閣寺』に至る途中、金網のフェンスで覆われた「鏡石」が今も残っている。右手の山肌を注視すれば、見つかるやもしれぬ。

通称『金閣寺』、正式名称『鹿苑寺《ろくおんじ》』のことは蛇足になるだろうから、多くは語らず、たださくらの名所として、訪ねるに値する寺だということだけは書き添えておく。

『きぬかけの路』の蕎麦

『金閣寺』を出て、南に下がる道には『きぬかけの路』という風雅な名前がつけられている。衣笠山《きぬがさやま》の山裾に沿って、緩やかなカーブを描く道には歩道も整備されていて、歩きやすい散歩道になっている。

先の『しょうざん』で中華料理や鶏料理に食指が動かなかった向きには、この地に恰好の店がある。それが『権太呂《ごんたろ》金閣寺店』【地図D⑪】。洛中にあって、京都でも老舗の部類に入る蕎麦《そば》屋だ。

京都らしさを際立てるなら「ゆばあんかけそば」がいい。花冷えの頃なら尚一層。僕のイチオシは「焼き鳥丼」。薄味京都のイメージを、いい意味で打ち破る逸品である。京都はなぜこれほどに鶏が旨いのか、庭の緑を愛でながら、きっとそんな疑問を持つことだろう。

　東京なら蕎麦。大阪ならうどん。名古屋ならきしめん。麺類はそう決められるだろうが、意外なことに京都は、どの麺類をも掌中におさめている。口さがない向きは、どれも中途半端だとのたまうのだが。

　たとえばこの『権太呂』の蕎麦は更科《さらしな》でも、田舎でも、粗挽《あらび》きでもなく、ともかくも京都の蕎麦なのである。荒々しく蕎麦の香りを放つでもなく、かと言って、御前蕎麦のように微《かす》かな芳香を湛えるわけでもない。だが、都人にとっては、この、程の良さこそが、旨い蕎麦の証なのだ。

　こだわりという言葉に縛られることのない蕎麦は、出汁《だし》が命だ。『権太呂』のそれは、幾分甘みが勝っていて、それだからこそ京都らしい味わいを蕎麦に絡ませることができる。江戸でも、信州でも、出雲《いずも》でもない蕎麦。出汁の旨みをしっかり味わいたい。

　お腹を満たしたら、ここから山道に入る。健脚の向きは徒歩、自信がなければバスに乗る。

『権太呂　金閣寺店』

『原谷苑』のさくら

『原谷苑』のさくら

『権太呂』を出て、南に歩き、最初の角を左、東に入る。しばらく歩き、次の三叉路《さんさろ》を右斜めに歩くとやがて蘆山《ろざん》寺通《じどおり》に出る、と通りを渡って左手に「桜木町」のバス停が見える。ここからM1系統原谷行のバスに乗り、終点で降りる。およそ三十分の乗車、終点のバス停からは歩いて三分ほどで『原谷苑《はらだにえん》』【地図Ⅰ】に着く。

寺でも神社でもなく、ただただ桜を見るためだけに入苑料を払う。このことに抵抗があって、長く足を運ばなかったが、取材のロケハンで訪れて、すぐに宗旨替えした。

「桜木町」からのバスは往復ともに、一時間に一、二本程度しか運行されないので、あらかじめ時刻表はチェックしておきたい。

だが、もしもハイキング気分をも厭《いと》わないなら、本コースの最初に訪れた鷹峯から、少しばかりの山道を辿るコースもある。二キロを少し超えるだろうか。三十分ほども歩けばここ『原谷苑』まで辿り着く。そして花を見て後、御室《おむろ》『仁和寺《にんなじ》』【地図Ⅰ】まで下るという山歩きコースもおすすめだ。この場合はあらかじめ花見弁当を買っておくのがベター。包みを解く場所はいくらもある。

さて『原谷苑』。普段は固く閉ざされた門が、さくらの時期だけ開かれ、大勢の見物客でにぎわう。先に書いたように、僕は長くこの庭園を否定していた。さくらの花を営利目的で咲かせるなど、もってのほかだと長く思い続けていて、あるときこのさくらを見て、自らの不明を恥じた。これほどのさくらの花をこれほどに大切に育てるのに、営利を目的としてできるものではない。これほどの労苦を重ねなければならないか。確信に近い思いを持った。それほど見事なさくらである。

洛中からわざわざ足を延ばし、毎年金額が変わる入苑料を払ってでも見る価値はある。まさに幽玄のさくらが、圧倒的な迫力で迫ってくる。唯一無二の眺めといってもいい。

——世の中に　絶えて桜のなかりせば　春の心はのどけからまし——

在原業平《ありわらのなりひら》が詠んだ通り。さくらの花は人の心を騒がせる。懐かしく思い出すこともあれば、苦い思いを甦《よみがえ》らせることもある。感傷に耽るようでもあり、きっぱりと心が晴れるような気もする。さくらの木の下を歩くと、さまざまな思いが交錯《こうさく》する。これはしかし、さくらに限ったことと言えるのではないだろうか。

匂い立つ梅の木を見上げても、垣根に咲く椿に目をとめたとしても、これほどに心がざわつくことはない。ただただその美しさに見とれるだけのこと。なぜさくらだけが……。『原谷苑』のさくらを見ると、きっとそんな思いを抱くはず。

――願わくば　花の下にて春死なん　その如月《きさらぎ》の望月のころ――

西行《さいぎょう》法師のように、死生観まで持ち出すのだから、やはり日本人にとって、さくらは特別な花なのだと思う。

『原谷苑』の八重桜は開花が遅く、満開を迎えるのは概ね入学式が済んでから後、しばらく経った頃である。

御室『仁和寺』

『原谷苑』を出て、健脚の方にぜひおすすめしたいのが『仁和寺』へと下る山路。距離にして二キロと少し。三十分もあれば御室に下りられる。さらにありがたいことには、この『原谷苑』と『仁和寺』の間には、〈御室八十八ヶ所霊場〉の巡拝コースがある。

本場とも言える〈四国八十八ヶ所霊場〉への参拝が困難な巡拝者のために設けられたもの。文政のころ、『仁和寺』の親王が〈四国八十八ヶ所霊場〉を巡り、それぞれの砂を持ち帰り、裏山に埋め、そこにお堂を建てたことから始まっている。

全長は約三キロ。高低差のある山道なので、すべてを回ろうとすれば、二時間は必要だ。歩くことを厭わず、かつ信心深い方なら、さくら路の途上に〈御室八十八ヶ所霊場〉巡りを加えるのもいい。

『原谷苑』から下ってきたなら東門、〈八十八ヶ所霊場〉を巡り、八十八番『大窪寺』を参拝した後なら西門が近いが、『きぬかけの路』に面した「二王門」から入りたい。

どっしりと重い瓦を載せた入母屋《いりもや》造りの、巨大な門の左右には〈阿吽《あうん》〉の二王が控えている。完全な和様で統一されているのは、やはり平安からの伝統を引き継ぐ御所の流れだろうか。光孝《こうこう》天皇から宇多《うだ》天皇へ、御所の思いが引き継がれ、やがて門跡寺院として長く隆盛を誇った。しかし多くの洛中の寺院と同じく、応仁の乱の戦火によって、ほぼすべてを焼失してしまった。

その後三代将軍家光の承諾を得て復興を遂げるが、明治期には再び火難に遭い御室御所が焼失、大正期に入ってから真言宗御室派の総本山となる。複雑な経緯を辿って、今日の『仁和寺』へと繋がっている。

前著で〈時代都市〉という表現を用いて京都を書いたが、そのわけはこの『仁和寺』の変遷にもある。なぜ御室という地名なのか、を考えるに、今の真言宗総本山という形を見ていたのでは思いつかない。門跡寺院だったという過去を見て、はじめてなるほどと納得できる話なのだ。

最初にこの寺を発願《ほつがん》した光孝天皇が崩御《ほうぎょ》してから千百年を超え、その間の歴史を抜きにして今の姿だけを観ていては何も分からない。それは何もこの『仁和寺』に限ったことではないのだが。

広い境内には多くの見どころがあるが、世界遺産にも指定されている寺だから、広く知られているはず。詳述は避けるが、さくらのことを少しばかり。

〈御室桜〉と呼ぶさくらは遅咲きである。「二王門」から境内に入って、「中門」を潜り、「五重塔」を右手に見上げたら、視線を左に移す。と、概ね四月の十日を過ぎた頃ならそこに、見事なさくらの群れが見られるはずだ。

遅咲きとともに、この〈御室桜〉のもうひとつの特徴は木が低いことにある。多彩な品種があり、多くは八重桜。それぞれに名札が付いている。〈殿桜〉、〈御車返〉など風雅な名前の中で最も多いのは〈有明〉。一重八重の花は密度が濃く、盛りの頃にはまるで雲海のような姿を見せる。うまくすれば四月の末近くなってもまだ花をつけている。〈有明〉というからには、明け方に花を開く様を見てみたいものだが、開門時間は日が高くなってからなので、まだ叶えられていない。夜のライトアップを行う寺社が多くあるのに、夜明け前から特別に開いてくれる社寺はほとんどない。ぜひともこの『仁和寺』にあっては、さくらの頃だけ特別に夜明け前からの開門を決断してもらいたいものだ。

『仁和寺』の「御室桜」

〈御室桜〉、気のせいか、『京都御苑』のさくらにどこかしら似たような色合いを感じてしまう。地名のなせる業なのだろうか。ちなみに誰もが知る電機メーカー〈OMRON〉という社名は、ここ御室が創業の地だからである。知っておくと、ちょっとした話のネタになる。

名刹でさらなる愉しみ

さてこの『仁和寺』、まだまだ愉しみはある。

〈御室焼〉という焼き物がある。『仁和寺』のお庭焼きとして始まり、その初代は京焼の祖として知られる野々村仁清《にんせい》。華麗な色絵はまさに京焼と呼ぶにふさわしい作品だが、決してそれがすべてではない。縁あって、実に素朴な、しかし限りなく美を湛えた茶碗を拝見したことがある。これもまた仁清なのかと、思わず感嘆の声をあげてしまったほどに、均整のとれた美しい焼き物だった。わけても茶碗の見込みに現れる不思議な輝きは、仁清ならではの技法と聞く。

売られている器。あくまで今の器だから、かすかに名残りをとどめるに過ぎないが、それでも売店で商う器としては秀でている。『御室会館』【地図Ⅰ】の売店では〈仁秀〉というブランド名で売っている。商品の入れ替わりはあるのだろうが、もし〈白雲母〉の茶碗があれば求めておきたい。仁清の片鱗を窺わせる器が一対数千円以内で求められるのはありがたい。

形を残さぬ消え物なら、「御室桜の桜まんじゅう」、もしくはオリジナルの香りを漂わせる「仁和香」がいい。

食もまた愉しい。丼や麺類を揃えた食堂があるのだが、器に〈仁和寺〉と記された丼鉢《どんぶりばち》がおもしろい。餡《あん》かけになった湯葉うどんが美味しい。湯豆腐や弁当もあったように記憶するが定かではない。

定かでないのにおすすめするのは気が引けるのだが、この『御室会館』で泊まるのも一興。一度は泊まってみた宿しかおすすめしないことを旨としているので、京泊まりの項で紹介することは避けたが、それでも、知人の強い推薦があったので、宿泊経験はないが、あえてこの項でおすすめする次第。

何しろ世界遺産である。その敷地内に泊まれて、かつ朝食付きで六千円という安さ。テレビもエアコンも、浴衣《ゆかた》もちゃんと付いているのだという。宿坊というほどの重さもなく、ビジネスホテルよりは快適に過ごせる。洛西の拠点としては最適だとして、知人は必ずここに宿を取るのだという。興味を持たれた向きは必ず確認されてから予約されたし。

もうひとつ〈食〉の話。

『仁和寺』の門前に『佐近《さこん》』【地図Ⅰ㊱】という店がある。河原町丸太町下る。かつてその場所に同じ名の店があった。今でこそ和と洋の融合は珍しくもないが、二十年も前にはきわめて珍しい料理として遠来の客をも集めていた。お箸で食べるフレンチ、しかしその前にお造り、そんなメニューが愉しく、足繁く通ったのも懐かしい思い出。そんな空気を今に残す店が名刹『仁和寺』のすぐ前にある。カウンター、テーブル席、個室と席のバリエーションも豊富。使い勝手のいい店だ。

『龍安寺』のさくら

西のさくら路。ここまででも充分愉しめる。歩き慣れていない方はここで終わりにしてもいいが、もっとさくらを、と願う向きには西へ進むことをおすすめする。嵯峨野、嵐山、いずれもさくらの名所中の名所。京のさくらを満喫できる。

と、しかしここで、ふと気づいた。『龍安寺《りょうあんじ》』【地図Ⅰ】を飛ばしてしまっていたことに。『原谷苑』から直接『仁和寺』へ出ると、すぐその東にある名刹『龍安寺』が抜け落ちてしまう。西のさくら路と言って、この寺を素通りするのはあまりにもったいない。ここはひとつ後戻りをしてでもぜひ訪ねてみてほしい。

『龍安寺』の石庭

当寺は宝徳《ほうとく》二年、細川勝元《かつもと》の手によって創建されたが、例によって応仁の乱で焼失してしまう。

それにしても悔しきは応仁の乱。京都のあらゆるものを焼き尽くしてしまった罪は限りなく大きい。都人が〈この前の戦争〉と言って応仁の乱を指すというのはシャレではなく恨みごとなのだ。あの戦さえなければ、あれもこれも残っていたはずなのに、と唇を噛《か》むのである。

再建、焼失を繰り返した『龍安寺』、その名を広く知らしめているのは石庭。『龍安寺』と言えば石庭。さまざまに謎を秘め、その意を解釈する学説は跡を絶たない。

三方を油土塀に囲まれ、たった十五個の石を配しただけの枯山水庭園。相阿弥《そうあみ》の作とも言われるが定かではない。〈虎の子渡しの庭〉、もしくは〈七五三の庭〉と呼ばれるこの石庭には四つの謎が秘められているというのが定説になっている。

ひとつにはこの庭の解釈。百坪にも満たない小さな石庭に配した十五個の石、その周りを囲む白砂が何を意味しているのか。この答は多く鑑賞者の心に委ねられる。

ふたつに土塀。もしこの石庭に油土塀がなかりせば、その興趣は相当削がれるに違いない。掛け軸で言えば表装。額絵で言えばフレーム。鈍い色が白い庭を引き立てる。

みっつにその作者。先に相阿弥の名を挙げたが、他にも細川勝元、金森宗和《かなもりそうわ》などの名が挙がり、どれもが確たる証拠を持たず、謎とされてきた。庭石の裏に刻印があり、その名にヒントが隠されているとも言われるが未《いま》だ解明はされていない。

よっつにその庭の設計。一見したくらいでは分からないが、この庭は水平ではなくわずかな傾斜をつけてある。それは主に水はけのためではあるが、遠近法を利用した錯視《さくし》を誘う仕掛けにもなっている。庭園右手の油土塀が、手前から奥にかけて低くなるように建てられているのと併《あわ》せ業《わざ》になっている。

と、この石庭はそれだけで充分訪ねるべき価値のある庭なのだが、春にはさらに素晴らしい演出がなされる。それがさくら。

「方丈」から観て、石庭の正面、長身男性の背丈ほどの油土塀の上から枝垂れ桜が覆いかぶさる様は圧巻である。はじめてこのさくらを見たとき、あまりの美しさに目を潤ませてしまったほどだ。しかしそれは、たまさか平日の朝一番で、他に参拝客がいなかったからでもある。ワイワイガヤガヤと喧騒に満ちた中で観るさくらと、朝の静寂に包まれて観るそれとでは、大きくその趣が異なる。このさくらを目当てとするなら早朝開門と同時に寺に入りたい。

が、『龍安寺』のさくらはこれだけに留まらない。

「方丈」前の八重桜も見事な花をつけるし、「鏡容池《きようようち》」にその姿を映すさくらもまた美しい。だが極めつけは何と言っても「桜苑」。先に挙げた『原谷苑』に勝るとも劣らない見事なさくらの園である。

小路を歩けば、まるで空からさくらが降ってくるような、そんな気さえするほどに花の路が続く。歩いても歩いてもさくら。

「鏡容池」の周りを歩くと、ふとこの庭がかつて徳大寺《とくだいじ》家の別荘だった頃を思い浮かべる。平安貴族たちはきっとこの池に舟を浮かべ、そこからさくらを眺めたに違いない。風流の庭が禅寺の庭に変わっても、その美しさは変わることがない。南西からは池越しに衣笠山が望め、その眺めは実にたおやかで、山と庭がひとつになって、都の春を謳歌《おうか》しているようだ。

画竜点睛《がりようてんせい》を欠かずに済んでよかった。『龍安寺』を後にするとき、きっとそう思う。

『乾山窯』の名残り

さて元に戻ろう。

『仁和寺』を出て西に進むと「福王子」という交差点に出る。三叉路を南に下がると洛中へ、西に進めば嵯峨嵐山方面へと向かう。京都人にとって「福王子」という交差点は街道の分かれ道。西北へ辿れば栂尾《とがのお》『高山寺』から、北山杉《きたやますぎ》の里、そして丹波の里へと通じることを皆知っている。

『仁和寺』の門前、仁清に鋭く反応し、京焼の流れにさらなる興味を持たれたなら、ぜひ足を運んでいただきたい寺が、これより西北、鳴滝《なるたき》の地にある。

『鳴滝窯《がま》』という窯場がかつてこの地にあった。主の名は尾形乾山《おがたけんざん》。光琳《こうりん》の弟である。すなわち琳派の流れを汲む陶芸家だ。先に書いた仁清に師事し、窯を築いたのが鳴滝にある『法《ほう》蔵禅寺《ぞうぜんじ》』【地図H】。京都観光とは無縁ながら、ぜひ一度は足を運んでほしい寺だ。

鳴滝。ここでもまた地名の由来を。

古くこの辺りは小松の里、もしくは長尾《ながお》と呼ばれていた。周山に源を発する川、御室川はこの近辺で流れが急になり、川音を強くする。それがまるで滝の音のように聞こえたことから鳴滝という地名が生まれた。そしてその名を冠した窯が『鳴滝窯』。名づけ親は尾形乾山である。

　かなりの陶芸ファンであっても、この窯の存在は存外知られていない。それもこれも、この窯跡『法蔵禅寺』に乾山の作品が残されていないからだ。なんとも勿体《もったい》ない話である。

　繰り返し書いてきたように、京都は今の姿だけを見ていたのでは、その魅力を半分ほどしか味わえない。故《ふる》き時代に想いを馳せ、その様を胸の裡《うち》に描いてこそ価値ある都となるのである。

嵯峨『直指庵』

　都の呉服屋『雁金屋《かりがねや》』の三男として生まれた尾形権平は、長じて鷹峯で光悦の孫から陶芸の手ほどきを受ける。
　権平はその後、嵯峨『直指庵』に通い、禅の修行に勤《いそ》しんでいる。兄弟というものは、時としてその性格を対照とするが、外に向かう光琳に比べ、明らかに内を向いている乾山の作風はこんなところで築かれたのかもしれない。
　いずれにせよ、鷹峯から嵯峨へと西山を本拠としていた権平は父の死後、御室の地に『習静堂』と名づけた隠棲《いんせい》の居を構え、悠々自適の暮らしを始める。まだ三十路《みそじ》にも届かない頃から隠棲したのだから、今とは随分様子が違う。が、それで人生を終えることにならなかったのは野々村仁清と出会ったからであった。

その後、十年もの長きにわたって仁清に師事し、権平はやがてこの地に窯を開くことになる。元は二条家の別荘だったところを、尾形兄弟のパトロン的存在だった二条綱平から屋敷を譲り受けて窯を築いたのだった。この場所が都の北西、つまりは乾《いぬい》の方角に当たったことから、窯の名を『乾山窯』とし、自らの号も乾山と名づけたのだ。

乾山という名は誰もが知っていて、しかしその由来となればほとんど知られることがない。それをこの地に足を運べばたしかに実感でき、きっと忘れることなどない。地名のみならず、稀代の芸術家の名も、その由来を繙けば、時代の絵巻が浮かんでくる。京都はかくも奥深い愉しみを秘めている。

乾山はここで干支《えと》がひと回りするほどの間、焼物に没頭し、秀逸《しゅういつ》な作品を残している。が、やがて財政がひっ迫してきたせいかどうか、洛中二条に居を移し、清水界隈の窯を借りて器を焼くようになる。光琳とコンビを組み、世間受けしやすい派手なデザインの器を作るようになったのは、この頃からである。

壮年期から晩年を迎えるようになると、乾山はなぜか江戸に移り住み、作陶からも遠ざかってしまう。

　すなわち尾形乾山の目が最も輝いていたのは、この『乾山窯』の頃だったろうことは想像に難《かた》くない。鳴滝の地で『海雲山法蔵禅寺』を訪ね、そんなことに想いを馳せてみたい。

　西のさくら路。どこで〆《しめ》ようかと考えれば考えるほどに悩ましい。「福王子」の交差点まで戻れば、西へ南へ辿る路はいくつもある。が、ありきたりのさくらで終わりたくない。となれば答はひとつ。さくらと椿の競演を見て、西のさくら路を終えることにしよう。

『平岡八幡宮』のさくらと椿

　高雄山『神護寺《じんごじ》』の守護を司る『平岡八幡宮』【地図H】は、弘法大師空海《くうかい》が、『宇佐八幡宮』から勧請《かんじよう》して創建した社と伝わり、京都では最も歴史のある八幡さまである。

　『龍安寺』の名を知らしめているのが石庭なのと同じく、『平岡八幡宮』の名が広く知られるのは「花の天井」。神殿の天井が区分けされ、四十四種もの花の絵が描かれている。それはしかし、いつ行っても観られるものではなく、特別拝観の時期に限られる。

　春は概ね三月半ばからゴールデンウィークの頃までがその時期。四月のはじめ頃なら椿とさくらが咲き競う様も一緒に愉しめるから、これを逃す手はない。

椿とさくら。京都人に馴染みが深いのは通称〈椿寺〉と呼ばれる『地蔵院《じぞういん》』【地図K】。北野白梅町近くにある寺。五色八重の椿と枝垂れ桜が重なり合うように咲く姿は、息を呑むほどに美しい。機会があればぜひ訪ねてみてほしい寺、例年なら四月の半ば辺りに椿とさくらの競演が観られる。

さて話を当社に戻す。

先の『乾山窯』、『法蔵禅寺』から周山街道を進むこと二キロばかり。歩いて小半時ほどのところに『平岡八幡宮』がある。バス停から斜めに入る細道があり、すぐそこに石の鳥居が建っている。

石の鳥居の奥に続く参道でまず迎えてくれるのがさくらの花。幾分淡い色だ。と、ここで誰もが抱く不安。多くの椿は初春頃から花を開き、春も盛りを迎える頃には、その花を地に落としていることが多い。苔むす上に白や赤の椿が首を左右に向ける様も、それはそれで美しいが、木に花をつけている様子を観られるのだろうか。満開のさくらを見上げてそんな不安がよぎる。

不思議なことに当社の椿はまるで、さくらの花に合わせるかのように、その花を開く。三月半ばから四月半ばまで〈椿を愛でる会〉が開かれるほどだ。

「椿の小径」と名づけられた散策路を歩くと、その名に偽りなく、椿の花が数限りなく咲いている。一本の木にこれほどたくさんの花をつけるのかと、驚くほど多くの花を咲かせ、枝葉が見えないくらいだ。

そして誰もが必ず驚きの声を上げるのは枝垂れ桜の巨木。妖艶な花を洛西から吹く風に揺らし、時折り花吹雪《はなふぶき》を降らせる。声を上げた後、しばらくは誰も声を発することができなくなる。まさに椿とさくらの咲き競いだ。

社殿の右手に自生している椿は樹齢二百年を超えると言われ、珍しい品種も多く植わっている。

おしべとめしべ、どちらの根元も赤く染まる藪椿《やぶつばき》。葉っぱの形が金魚に似ていることからその名がついた金魚椿。どちらも愛らしい花を咲かせる。

『平岡八幡宮』には〈白玉椿伝説〉が伝わっていて、それは祈願をすると一日で白玉椿が花を開き、それとともに願いも叶ったというもの。その白玉椿は社務所の横で見事な花を開かせ、〈一水椿《いっすい》〉と名がつけられている。

『平岡八幡宮』参道

ここには伝説にちなんだおもしろい趣向がある。それは二枚ひと組になった絵馬。ひとつは蕾、もうひとつは花を開かせた白玉椿。蕾が描かれた絵馬に願い事を書いて奉納し、花を開かせたほうは持ち帰る。そして無事願い事が叶ったら、改めて開花したほうの絵馬を奉納するという仕掛け。遠方からなら郵送でも受けつけてくれるそうだ。一願成就。願いはひとつに留め、欲張らないことが肝要。木偏に春と書いて椿。春の花はさくらだけではないことを、改めて教えてくれる社だ。

順序が逆になった。通常は「花の天井」を拝観してから「椿の小径」を歩く。「花の天井」。拝観客には花の名を記したファイルが手渡され、誰もが天井の絵と、手元のファイルを見比べながら笑顔を見せている。花の名は漢字で書かれていて、ルビがふってあるので漢字の勉強にもなる。

ムクゲ、オモト、シャクナゲ、ソケイなど、中々書けるものではない。

拝観前には一献ふるまわれ、後には梅こぶ茶が供される。これもまたうれしい。ゆったりとした時間が流れ、春にふさわしいひとときとなる。

北は洛北鷹峯から、南西は洛西梅ヶ畑まで、地図で見ると随分長い距離を歩いたように見えるが、さくらは続く。高雄、嵐山、そして保津峡。西のさくら路は途絶えることがない。

第三章　春の味めぐり

一・春ならではの味わい

『建仁寺祇園丸山』のさくらモロコ

京都で春の美味といって、一に筍《たけのこ》、二にモロコ。筍は日本中、どこでも春になれば食べられるが、モロコはそうはいかない。というより、他の地方ではあまり馴染みのない食材、琵琶湖の特産と言ってもいいだろう、冬から春にかけて旨みを湛える川魚である。

鯉の仲間だから、白身魚。大きさはと言えば、親指の太さで中指ほどの長さ。銀とも金ともつかないような鱗《うろこ》をきらきらと輝かせる様は、夏の鮎にまさるとも劣らない艶姿。

正しくはホンモロコ。琵琶湖の固有種であり、春に産卵して、半年も経つと、食べられるまでに成長する。昭和の終わり頃には二百トンを超え、三百トンに及ぶほどの漁獲高を誇ったが、平成に入ってから激減し、近年では十トンを超えることはほとんどない。

その主な理由は外来魚。ブラックバスやブルーギルなど獰猛《どうもう》な魚たちに掛かれば、しなやかなモロコなどひとたまりもない。そんな意味もあって、拙著『京都　夏の極めつき』でも書いたように、ブラックバスを食べるというのは、駆除にもひと役買える。モロコを守るためにも、ブラックバスのレシピを増やしてほしいものだ。

多くの釣り人に浸透してきた〈琵琶湖ルール〉。釣り上げた外来魚はリリースせずに持ち帰るか処分する。さらなる普及を目指して、時折り開かれるイベントでは、釣果《ちょうか》と景品を引き換える。在来種が安寧な日々を送れるよう、さまざまな努力が続いている。

琵琶湖のあちこちで漁獲されるモロコだが、最も旨いとされているのは湖東、近江八幡《おうみはちまん》の沖合に浮かぶ沖島《おきしま》辺りのものとされている。ゆえに『建仁寺祇園丸山』【地図J㊳】で用いられるのは沖島のモロコのみ。この沖島のことは近江の章で書く。

『建仁寺祇園丸山』

割烹ならカウンター席だが、この『祇園丸山』のような料亭では座敷で食事をする。割烹と料亭、それぞれに特徴があり、宜に応じて使い分けるのだが、一番の違いは目の前で料理が作られるかどうか、だ。通常、料亭では鍋料理以外、座敷に運ばれてきた時点で、すでに料理は完結している。それはそれでいいのだが、最近の割烹流行りのせいもあって、目の前で調理される様をつぶさに見たいと願う客が増えてきた。それに応えるかのように、『祇園丸山』は工夫を凝らし、料亭と割烹のいいとこ取りを試みている。

たとえば春のモロコ。焼くのは炭火。となれば当然のごとく煙が出る。数寄屋の丹精込めた部屋に煙は大敵。それを予測してこの店では縁側にそのためのスペースを設《しつら》えてあるのだ。京都の料亭、七輪を持ち出すわけにはいかない。客の目に触れてもいいような、というか、炭火の炉、それ自体が器として見栄えのするようなものを設える。

料亭の座敷、炭火にモロコが焼き上がるのを待つ。昔風にいうなら、お大尽。食べ頃に焼き上がったモロコを木の芽酢につけて食べる。酢味噌で食べる手もあるが、春が深まれば山椒の香りを愉しみたい。

焦げ目のついたモロコ、そして山椒。口の中に春風が吹く。その風は琵琶湖から山をひとつ越えて、洛北に吹き渡り、やがて祇園へと辿り着いたに違いない。

寒モロコから、さくらモロコへ。春のかすかな移ろいも、近江の魚はそれを身にまとう。『祇園丸山』にはモロコ酒なるものまである。まさにモロコ三昧。

春は苦み。かすかなモロコの腸《はらわた》の苦みと、木の芽の青い苦みが口の中で合わさる。近江から京の都へ。春はゆっくりと渡ってくる。

春のふたり鍋――『河道屋』の「芳香炉」

鍋は冬の料理。そう決め込んでいたのはきっと、空調設備が完備していなかった頃の名残りなのだろう。鍋好きの僕などは真夏でも、最低週に一度は鍋をやらないと気が済まない。鍋から立ち上る湯気を見ながら、箸を伸ばすのが実に愉しい。

夏でもそんなだから、花冷えの春先など、鍋のトップシーズンとも言える。早咲きのさくらが蕾を開きはじめ、ようやく春到来かと思えば急に冷え込んで、また固く閉ざしてしまう。そんな頃にぴったりなのが、『晦《みそか》庵《あん》河《かわ》道《みち》屋《や》』【地図G㉛】の「芳《ほう》香《こう》炉《ろ》」。

『晦庵河道屋』

京都でも老舗の部類に入る蕎麦屋。場所は三条の近くだ。定番、季節変わりの蕎麦一杯でも充分愉しめる店だが、座敷に上がり込んで、この店オリジナルの「芳香炉」を囲むと、京都旅の味わいが一層深くなる。

はんなり、あっさりとした出汁で、たっぷり色とりどりの具材を食べた後には蕎麦とうどんが待っている。

鍋物と言って、多くが具材に目が向きがちになるものだが、大切なのは出汁だと分かるのが、この「芳香炉」。それもこれも蕎麦屋の鍋ゆえのこと。京都の蕎麦は麺より出汁。その出汁を使った鍋がまずいはずがない。具をまとわせても旨いが、本領を発揮するのはやはり〆のうどん。かしわや海老、ひろうすなどの風味がのった出汁に、京都ならではの軟らかいうどんを絡める。総じて京都は麺類にコシを求めない。むっちりとした歯応えは、噛み締めるごとに、出汁の旨みが舌に染み出す。春の鍋には北国から渡ってきた昆布の風味がよく似合う。

『WARAKU』の新店は鉄板焼き

本シリーズではお馴染みの〈ガブ飲みワイン〉の店『洋彩WARAKU』に新店舗、柳《やなぎの》馬場《ばんば》店【地図G㉝】ができた。場所は洛中の真ん中。新店のウリは鉄板焼きだ。

近年、鉄板焼き店が加速度的に増えている。長引く不況で本格的なフレンチからの業態転換組を含め、シェフがいなくても調理が可能なイージークッキングは、客単価を大きく引き下げる。お好み焼き店以上、ホテルの鉄板焼き以下、といった位置づけ。

家でホットプレートを使えば、これくらいの料理は簡単にできる。そんな店は要《い》らない。鉄板を使って熟達のシェフが華麗な手さばきを披露する店なら行ってみたい。はたしてこの『WARAKU』は後者だった。

粉モノでお茶を濁すようなまねはしない。真っ当な鉄板焼きだ。肉も海の幸も、カウンターの端っこに据えられた鉄板で焼かれる。

ガブ飲みワインのキャッチコピーに偽りはなく、スパークリングワインのフルボトルが二千八百円からある。グラスワインは一杯五百円。いつもの僕のペース、泡を一本、後は赤をグラスで二杯ばかりだと、三千八百円でしっかり酔える寸法だ。メニューを見れば、料理をしっかり食べてもひとり五千円辺りで済みそう。四条界隈としては格安と言えるだろう。無論それは、内容が伴っての話だが。

『WARAKU』柳馬場店

ひとり、ふたりならカウンター席に腰掛けて、調理される様をつぶさに見ながら、が愉しい。日本料理の割烹と同じく、食いしん坊は、料理が出来上がるまでのプロセスを間近に見るのを愉しむ。自分が食べるものでなくてもいい。食材が料理に変わるまでをじっと見ていたいのだ。間近な席だと、じゅうじゅうと音もうれしい。

が、それだけに留まらないのがこの店。

オープンキッチンの奥にも厨房があり、そこにもシェフが控えている。生モノから揚げ物、煮物まで、たいていのメニューが揃い、オーダーが入ると、いろんな匂いと音が漂ってくる。これもまた愉しい。

たとえば晩《おそ》い冬の一夜。前菜の盛り合わせに続き、殻付きの生牡蠣《がき》。焼き雲子《くもこ》、鴨と九条ネギのパスタ。スパークリングワインから軽い赤へと繋ぎ、愉しい夕餉《ゆうげ》のひとときが流れる。

さて〆はオムライスか、はたまた「魚介のココットご飯」か、迷うところだが、本店にはない味を求めて、ココットご飯にしよう。

言うなればブイヤベースの最後だけをいいとこ取り。熱々のスープからサフランの香りが立ち上ってくる。勢いのある店というのは居心地のいいものだ。気がつけば広い店は満席状態。いつの間にか隣の声が届きにくくなるほどのにぎわいを見せている。笑顔が溢れる店はきっと美味しい。

衣笠の屋台うどん

〈屋台〉は春の季語である。とは、まったくもって僕の独断なのだが、春の宵に屋台はとてもよく似合う。

多くが〈屋台〉を冬の季語だと思い込んでいるのは、演歌のせいである。あるいはドリフターズのコントゆえのことだ。

――コートの襟を立てたサラリーマンが屋台の暖簾《のれん》を潜る。

「いらっしゃい」

無愛想なオヤジがぼそっとつぶやく。

「熱燗一本。あとおでんを適当に見つくろって」

コートを脱ごうとして、端っこに座る着物姿の女性に目を留める。

「ちょっと飲み過ぎじゃないですか」

コップ酒を一気にあおる女性にオヤジが言う。

「いいのよ。今夜は酔い潰れてしまいたいの」

女性は着物の襟を抜いた。

「深酒は身体《からだ》に障《さわ》りますよ」

手酌酒をしながら、女性を横目で見る……――

と、こんなシチュエーションを思い浮かべるから、屋台の季語を冬だと思い込んでしまうのだ。

屋台好きでは人後に落ちないと自負する僕は、地方を旅して、屋台があると聞けば、万難を排して馳せ参じる。博多はもちろん、高知、呉、小倉。旨い店の十軒やそこらはすぐに思い出せる。

意外に思われるかもしれないが、京都はかつて、あちこちの街角に夜ともなれば屋台が現れた、屋台天国だったのだ。

この辺りの話は前著『京都　冬のぬくもり』に書いたので、詳細は省く。

場所は衣笠北天神森町。分かりやすく言えば、『金閣寺』の南、『平野神社』の北辺り。さらに言えば『北野天満宮』の西北。

洛中にあって、名所中の名所、三箇所が作るトライアングルの中心に、夜十一時も過ぎた頃から屋台が姿を現す。

この屋台のキーワードは夜桜。

春の夜。しんしんと更けて帰り路。ふと見上げた土塀の上で、春風に揺られて、枝垂れ桜が枝を夜空に震わせる。と、二枚、三枚と、花びらが散り、宙を舞う。

そんな夜桜を好ましく思う。

交差点の東南角に銀行があって、その駐車場に屋台が現れる【地図D⑩】。僕が学生の頃から同じなのは、その場所だけでなく、うどんの出汁も具もすべて。何ひとつ変わることなく、懐かしい屋台うどんの味を守り続けている。

とは言っても屋台のオヤジはそんな責務を負っているなどとは、微塵《みじん》も感じていないだろう。淡々と麺を湯に入れ、出汁を温める。具を準備する。三十年も前から何も変わっていない。変わったのはオヤジの頭か。

肉うどんが旨いが、春には月見うどんも捨て難い。屋台うどん特有の甘みの勝った出汁に、玉子がゆらゆらと揺れ、薄っすらと白身が固まりはじめる。讃岐《さぬき》のかまたまうどんのような、濃密な味わいではなく、朧《おぼろ》月夜。薄ぼんやりと、ぼけたような味が心に沁み入る。

繰り返しになるが、屋台うどんの常として、その出汁に甘みが乗っている。旬を迎えた魚に脂が乗るのと同じように、屋台うどんは必ずと言っていいほど、甘みを旨みに変える。

屋台にしてはメニューが豊富。きつね、天ぷら、肉、そしてカレー。いつかはきっとと思いながら、まだカレーだけを食べていない。辺りに漂う出汁の香りに負けて、中々カレーと言い出せずにいたのだ。春の宵。夜桜のあとのカレーうどんもオツだと思う。

店の名はない。〈衣笠の屋台うどん〉、と言えば、大抵のタクシードライバーは案内してくれるはずだ。

下鴨『蕪庵』のお座敷中華

まさかの立地に名店が潜んでいるのが京都という街。洛北下鴨の高級住宅街。居並ぶ豪邸の狭間《はざま》に、屋敷然とした店を構えるのが『蕪庵《ぶあん》』【地図B④】。京都でも老舗の部類に入る中華料理の名店である。

都人の多くはこの店を一度は訪れているはず。冠婚葬祭、少しばかり改まった宴席によく利用された店だからである。しかし、それゆえこの『蕪庵』は大人数で行く店と、決め込んでしまっていた、というのが大方の京都人。

よく手入れの行き届いた日本庭園の中に建つお屋敷で食べる中華料理。春の京都ふたり旅にはふさわしいのでは、と思ってのご紹介である。

昼夜、どちらがいいか。僕のおすすめは庭を眺めながら舌鼓を打てるお昼。『下鴨神社』のさくらを愛《め》でた後など、これほどにふさわしい店は他にあるまい。

お座敷中華ゆえ、当然のごとくコース料理のみ。五千円から一万五千円まであるが、五千円のランチでも充分愉しめる。

店名に因んだ燕の干菓子とお茶が出されて、まずは庭をじっくりと眺める。

最初の皿は『燕庵』名物、中国風刺身。本国、中国では魚を刺身で食べる習慣はないが、主人のアイデアで生まれたオリジナル料理だと説明を受けたのは、はたして何年前だったろうか。今でこそ、中国風鯛の刺身など珍しくもないが、当時は随分と話題になったもの。刺身嫌いの祖父も、この店のそれには相好を崩して箸をつけていた。

アワビのスープ。これが絶品だ。歯応えのフカヒレに対して、濃密エキスのアワビ。同じオイスターソース味でも、その風味は大きく異なる。僕はもっぱらアワビ派。鮨《すし》でも中華でも、しっかり火の通ったアワビほど旨いものはないと信じ込んでいる。

続くは海老の天ぷら。これもまた広東名物。卵白のコロモをまとった海老は、塩だけでも充分旨いのだが、辛子醤油に酢を落として食べると、味わいは一層深くなる。ぜひおためしあれ。

『燕庵』

鶏肉とキノコ、野菜のあっさり炒めが出て、酢豚へと続く。『大阪王将』の酢豚も、それはそれで旨いのだが、庭園を愛でながら食べる酢豚はひと味違う。どこかしら〈京〉を感じてしまうのは、ロケーションマジックなのかもしれない。

〆は焼飯と野菜スープ。味も量も大満足の中華ランチ。中途半端な料亭で、形だけの京料理でお茶を濁すくらいなら、京都ならではの中華料理も乙なもの。京都リピーターには特におすすめする次第である。

花見弁当御三家――『辻留』・『菱岩』・『三友居』

花見と言えば弁当。弁当と言えば花見。春のさくらと弁当は切っても切れない間柄だ。弁当とひとくちに言っても、料亭の館で食べるものもあれば、コンビニやデパ地下をはじめとするお惣菜弁当もある。さらには手作りのお弁当まで。人は誰も、お弁当のふたを開けるとき、きっと笑顔になり、時には歓声を上げる。

本来、弁当というものは野外で食べるものであって、しかもその季節は春から秋と限られていることは前にも書いた通り。春の彼岸あたりが弁当始めで、秋のそれが弁当納めということになっている。真冬や真夏に料理屋の座敷で食べるものは、本当を言えば弁当ではないことになる。が、時代とともに食習慣も大きく変わる。懐石料理のエッセンスを集めた弁当は、お昼の料亭や割烹での人気メニュー。

冷めてなお美味しい、というのが弁当の基本中の基本。それ故味つけは幾分なりとも濃いめになる。この塩梅《あんばい》が難しい。過ぎたるは及ばざるがごとし。手慣れた料理屋ほど、そんな失敗を犯す。もみじの頃。名料亭に無理を言って作ってもらった弁当は、塩が強過ぎた。やはり「餅は餅屋」。仕出しを本意とする店なら間違いのない弁当を設えてくれる。

『辻留』の「花見弁当」

『辻留』の花見弁当

京都で弁当と言って、この店を超えるものはない。すべてに完成されたそれは、見た目に麗《うるわ》しく、食べて美味しく、食べ終えて心が豊かになる。裏千家御用達《ごようたし》とあって、茶心に満ち、しかし華やぎも備えた弁当には何ひとつとして、不足はない。

ここ数年、新たな年を迎えるおせちはこの店に頼っている。無論、家人と娘が丹精込めたそれも祝膳に上るが、それはそれ。

『菱岩』

きりりと引き締まったおせちは、余物をもって代え難い。これがなければ年迎えもできぬほど、我が家の定番になった。

大晦日《おおみそか》の昼頃に、三条花見小路東の店まで取りに行き、暖房の届かない玄関先で年を越す。明けて新年。昼には自家製、夜は『辻留《つじとめ》』【地図F⑰】と決めている。今年はわけあって京都のホテルの部屋で包みを解いた。

見慣れたおせちだが、毎年毎年、新鮮な心持ちで口に運ぶ。派手な料理のひとつもないが、それが却《かえ》って、しみじみとした味わいを心の襞《ひだ》にまで沁みわたらせてくれる。

同じ味わいの花見弁当。予《あらかじ》め予約をして、頃合いを見計らって店に取りに行く。

『菱岩』の花見弁当

京都の花見に最もふさわしきは花見弁当。縁台に広げた毛氈《もうせん》、もしくはベンチに腰掛けて食べたいもの。青いビニールシートの上で、コンビニおつまみや焼肉の煙もうもう、など言語道断。まるで花びらが散ったかのような美しさを湛える『菱岩《ひしいわ》』【地図F⑱】の花見弁当なら申し分ない。料理人の確かな技と、心くだくる思いがびっしりと弁当に込められている。

　これほどに名が高まれば、つい仕出しのみでなく食べられる店を、となるのが心情というもの。きっと満席が続くだろうが、頑《かたく》なに店の伝統を守り、あるがままに継承していくことを旨とする主人には、端《はな》からそんな考えなどない。

『菱岩』の弁当。それは誰が食べても、いつ口にしても美味しい。間然することがない、というのはこういうものを言う。このご飯はこうすればいい、だとか、このおかずはこんな味にしてほしい、などという余地は皆無。

　白木のふたを開き、目に映るすべてが完璧な料理。ぎっしりと詰まった弁当の醍醐味《だいごみ》はここに極まる。

『三友居』の竹籠弁当

　以前にもこの店の事は書いた。たしか秋の弁当だったか。店の名の由来にも触れたと記憶する。なれば何も書くことはない。ただただ弁当を頼み、それを携えて野に出て、さくらの下で籠《かご》を膝にのせればいい。

京都で花見弁当を頼むなら、間違いのない店に限りたい。となれば、『辻留』『菱岩』、そしてこの『三友居《さんゆうきょ》』【地図A①】。三軒だけ覚えておけばいい。馴染みの割烹や料亭があれば、そこに頼むのも一法だが、よほど馴染みが深くないと、通り一遍の弁当をあてがわれてしまう。たとえ一見《いちげん》であっても、たしかな弁当を設えてくれる店を、僕は京都でただの三軒しか知らない。

折箱とは風情が異なる。竹で編んだ籠には余白が多くあり、そこに春の空気が入り込む。ふわりと軽やかな弁当は

『三友居』の「竹籠弁当」

『三友居』の独壇場といってもいい。

『リストランテ・オルト』——路地裏のイタリアン

京都イタリアンなる造語があるそうだ。何にでも〈京〉を付ければ売れるとばかりのブームも、ここに極まれりといったところ。京都フレンチ、京都チャイニーズもきっとそのうち出てくるのだろうと思うと、何とも気が重い。そこまで京都を売り物にしなくても、と思う

のだが、おそらくはニーズがあるのだろう。町家で京野菜をふんだんに使って、というイタリアンは結構人気があるのだそうだ。

地下鉄烏丸線「烏丸御池」駅のほど近く。車も通れるかどうか、という細い路地に『リストランテ・オルト』【地図G㉞】というイタリアンの店がある。場所は、これ以上はないほどに京都らしい立地ながら、京都イタリアンなどという、軽いノリではない。実に真っ当なイタリアンの店だ。

『リストランテ・オルト』

うなぎの寝床。間口は狭いが奥に長く延びる店。カウンターはなく、すべてがテーブル席。メインはふたり用の向かい合った席。白いクロスが掛かったテーブルがまっすぐ並ぶ様は清潔感があって好ましい。

オルトはイタリア語で菜園を意味するという。その名に恥じることなく野菜をたっぷり使ったイタリアンは軽やかな味わい。肉や魚を一切使わない、いわばイタリア版精進料理が人気だそうだが、そこまで精進潔斎《しょうじんけっさい》できる身ではなく、やはり肉のひと品くらいは欲しい。仔牛、イベリコ豚、フォワグラ、時季に応じてメニューに上るが、僕が一番気に入ったのは〈鴨のハンバーグ〉。濃密な旨みを湛えながら、あっさりと舌の上を滑っていく、不思議な味わいに魅了された。

五千円台から揃うスプマンテ片手にパスタをするり。ランチなら二千円で心浮き立つイタリアンを堪能できる。

『大市』のすっぽん鍋

エキスという言葉は、死語になってしまったのだろうか。意味合いとしては濃縮されたもの、という意味を含むものだと思う。〇〇エキス配合、と書かれた健康食品は、ある種の胡《う》散《さん》臭さを湛えていたのかもしれない。ぼくの記憶の中で最も印象に残っているのは〈すっぽんエキス配合〉である。少なからず猥雑《わいざつ》なイメージも含めつつ、しかしそれとは対照的に、最後の晩餐《ばんさん》にすっぽんをと願う男女の声も少なくない。いずれにせよ、すっぽんは〈命〉の源であるようだ。

まだバブルの残り火が燻《くすぶ》っていた頃の話。ある出版社のお誘いで、編集長（男性）とふたりで『大市《だいいち》』【地図K㊴】の玄関を潜った。

京都に住んでいるのだから、当然ながらその高名は耳に入っていたが、何しろ半端な金額では食べられない。わざわざに訪ねる理由もない、ので、初めての『大市』だった。品書きは〈すっぽん鍋〉。これしかない。注文するのは飲み物だけ。最初はとりあえずのビール。肝のしぐれ煮を相手に、日本酒を一本、二本。そしていよいよ、すっぽん鍋の登場。年季の入った座敷に、年季の入った仲居さんがいて、年季の入った鍋に入ったすっぽんが、ぐつぐつと煮え立って出てくる。

通常、鍋料理といえば、コンロと鍋が運ばれてき、食材を盛った大皿が運ばれてき、タレが、薬味が、調味料が運ばれてき、となり、食卓の上は大いににぎわうのだが、この『大市』ではそんな雑然とした様子は微塵も見せない。シンプル・イズ・ベスト。

限りなく下戸《げこ》に近い編集長は、わずかな酒で鍋底と同じくらいに真っ赤な顔になって、じっと鍋の中で暴れるすっぽんを見つめている。四畳半の座敷で、すっぽん鍋を挟んで、男ふたりが差し向かいなのである。端から見れば充分アヤシイ。

さてその、すっぽん鍋。潔いほどに具は入っていない。この店のすっぽん鍋を鍋料理の一種だと思って暖簾を潜ると、きっと思惑が外れる。

十年ひと昔。今思い返してみて、『大市』のすっぽんは、限りなく日本料理の椀物に近いと思い当たった。八寸も、お造りも、強肴《しいざかな》もない。まるで海原雄山《かいばらゆうざん》が亭主を務める〈美食倶楽部〉のように、究極の椀物だけを味わう店なのである。

半端なグルメレポーターでは、ひと言のコメントすら叶わないだろう。これほどに神格化された料理も他に類を見ない。『すきやばし次郎』の鮨とて、もう少しは色気がある。

極めてピュアな鍋は、もう一度お代わりが出てくるのが決まりごと。最初に鍋を見て、「え？　これだけ？」と落胆した客は、ここで、ホッとひと息吐《つ》くという按配《あんばい》だ。

二度目にすっぽんを味わって、さらに濃密な味わいに、ちょっと舌が驚いた。思ったよりも、うんと味が濃いのである。最初に書いたエキスの味もだが、塩分としてもかなり濃いように感じる。後で訊けば、それこそがすっぽんの旨みだと言われたのだが。

僕の理想はこうである。最初はやはり、ちょっとした八寸が欲しい。季節を映した酒肴が五品ばかり。続いて、極限まで薄めた、すっぽんのスープを椀物代わりに。白湯《さゆ》と間違うほどに薄味のそれ。その後、ほんのひと切れ、ふた切れでいいから、唐揚げ。もみじおろしを、ちょんと天盛りにして。そしていよいよ真打ち。すっぽん鍋。叶うならここで、しっかりとグラマラスな赤ワインと合わせたい。〆の雑炊。

叶わぬ夢を見ながら二度目のすっぽんを堪能し、雑炊へと進んだ。

編集長氏も、すっかり酔いが回っていて、僕は僕であらぬ夢を見ている。仲居さんが言い置いた注意事項は馬耳東風となっていた。

編集長氏は雑誌の未来を語り、僕は夢の続きを話しながら、誰もがするだろうように、〆の雑炊をさらうべく、ふたりがレンゲで鍋底をこそげた。と、そのときである。

まるで刃傷沙汰《にんじょうさた》の起こった松の廊下よろしく、ずんずんと足音を響かせて、部屋の障子を仲居さんが開けた。

「言うたでしょ？　鍋はこそげたらあかんて。穴が開いたらどないするんですか。鍋をここまで育てるのが大変なんでっせ」

荒い息に肩を弾ませながら、年輩の仲居さんが僕たちふたりを半睨《はんにら》みした。本当なら睨みつけたいところだろうが、いかんせん、こちらは大枚はたく客である。仲居さんはせいいっぱいの抗議をした。

グルメコミックにそう書いてあったことを、やっと思い出した。コークスを使って、超が付くほどの高温で鍋を焼く。それに耐えられない鍋は割れてしまい、耐え抜いた鍋だけがこの店で使われるともあった。我々の席に出された鍋はそんなプロセスを経てきたものなのだろう。

そのことは充分承知した上で、それでも、大枚はたいた客が仲居さんから叱られる道理は、なかなか理解できなかった。

しかしながら、悔しいことに、この雑炊の旨さは格別だった。さまざまに鍋料理をこしらえ、その後に雑炊を作ったが、これを超えるものはできない。プロの作った鍋とても同じ。どんな鍋を食べても、〆の雑炊にこれほどの旨みを湛えた雑炊には出会えていない。最後の晩餐にこの店の鍋を願う人の気持ちが少なから

『大市』

ず理解できた。

願わくば、人生の大半を共に生きた伴侶と、この鍋を味わってみたい。というよりも、そのひとときのために、この店のすっぽんは不死鳥のように生き永らえているのではないだろうか。そう思うに至った。

春。さくらが咲き、そして散っていく。その様をつぶさにふたりで眺めてみたい。そこにふたりの人生を重ねてみたい。花はもう開いた後。散りゆくときを待つばかりだ。髪の毛一本ほどの悔いもない。そのことをふたりでたしかめるために、この『大市』のすっぽんは存在し続けているのではないだろうか。人生の深淵を覗ける鍋だとするなら、二万数千円は決

して惜しくはない。

『祇園喜鳥』

京の江戸前鮨屋通り、と僕が勝手に呼んでいる細道があって、それは四条花見小路をひと筋南に下がって、最初の細道。花見小路より西にある。

『鮨まつもと』、『祇園松田屋』。京都で江戸前鮨といって、真っ先に名前の挙がる両店は、この細道の南側に、少し離れて建っている。

目指す店は、同じ道の北側。ちょうど『祇園松田屋』の向かいあたりにある。

『祇園喜鳥』

『祇園喜《こ》鳥《ちょう》』【地図F㉒】。店名からは鳥料理を想像するだろうが、それもそのはず。以前は鳥料理の店だった。が、今は中華料理の店。

『一力亭』にもほど近いこの界隈は、景観を守るための規制が厳しく、店の名ひとつとて、そう易々《やすやす》と変えられるものではない。

話は変わって、中華料理。和食や洋食と違い、中華はホテルに一日の長がある。『ホテルオークラ』の『桃花林』に例を引くまでもなく、街場の店に比べて、ホテルに入っている中華は多くが秀でていた。

この『喜鳥』の料理長もホテル出身である。それは恐らく、希少な食材を入手するルートを持つがゆえなのだろう。フカヒレにせよ、干しアワビにしても、素材の旨みそのものが他とは違う。

和食は鮮度だろうが、中華は熟成度。乾燥させた食材の熟度によって旨みが重なる。ナマコだって乾燥食品だし、燕の巣しかり。その戻し加減もシェフの腕の見せ所となる。

京都らしい佇まいで中華料理。叶うなら本物を食べたい。『喜鳥』なら、その願いが叶う。

都のラビリンス『四富会館』『リド飲食街』

京都の呑兵衛《のんべえ》にとって、ラビリンスともいえる妖《あや》しい界隈が二箇所ある。「京都」駅近くの『リド飲食街』【地図L㊵】と、四条通近くの『四富会館《よんとみ》』【地図G㉜】。どちらも長きにわたって、ごく一部の数寄者たちだけの聖地だったのが、近年その有り様が少し変わってきて、京都旅の途上でも立ち寄りやすくなった。とは言っても、雅な京都のイメージとはかけ離れたディープな店々。京都初心者にはショックが大きいかもしれない。心して出かけていただきたい。

四条富小路上る。かつて広東料理の名店『大三元』があった通りの向かい側に、当時からこの『四富会館』はあった。その佇まいは子ども心にも妖しく映った。いったいここにどんな店があって、誰がそこに行くのか、親にも聞いてはいけないような空気を漂わせていた。紫色の看板には〈スナック〉の文字が妖しくくねり、意味不明の〈39〉という数字だけが書かれた黄色い電飾もあった。この店はたしかカレーと珈琲が売りだった。珈琲が三十九円という時代だったのだ。

『四富会館』

時は流れて平成。評判を聞いて訪ねたのは『シクロカフェ』。その名が表すようにベトナム風のカフェ。酔った勢いで店に入り、アオザイ姿のマダムに惑わされ、記憶が飛んでしまっている。メコンウィスキーを何杯飲んだのかすら覚えていない。だが、きわめて居心地がよかったことだけは確かだ。ラビリンスがラビリンスたる所以。

『リド飲食街』しかり。『じじばばＤＯＳ』なる珍妙な店名の店に入ったことだけは覚えているのだが後はさっぱり。タパスをはじめとしたスペイン料理に舌鼓を打ち、牛のマークが入った赤ワインをしこたま飲んだ覚えはあるのだが。

ガード下のような、こんな猥雑な飲食街が京都にあるというだけでうれしくなる。食文化は多様になればなるほど、その深みを増す。「四条」と「京都」駅。二箇所のラビリンスがいつまでも続くことを望む。

『うたかた』

洛北紫野。基本的には昼の街である。夜には多くが門を閉ざし、この地に住まうものだけが、見知った店の暖簾を潜り、限られた仲間内で盃《さかずき》を交わす。そんな場所だ。

祇園、先斗町《ぽんとちょう》は言うに及ばず、宮川町、上七軒も制覇した。少しは趣を変えて、しかし、京都らしい艶やかな店で盃を傾けたい。そう願う向きに恰好の店があって、その名を『うたかた』【地図C⑤】という。

勘のいい方なら、あれこれ詳しく調べる必要は感じない。その立地と店の名を聞いただけで、すでに靴を履き、店に向かおうとしているはずだ。

割烹というほど大仰ではなく、かと言って、居酒屋と言うのも失礼に当たりそう。ひと昔前の言葉で言う〈小料理屋〉という範疇《はんちゅう》に入る。最も分かりやすいのは刑事ドラマのワンシーン。

仕事を終えた刑事が暖簾を潜る馴染みの店。カウンター席が主だが、奥には小さな座敷もある。きちんと着物を着た女将《おかみ》が迎えてくれる、そんな店だと思えばいい。

お品書きには、胃にも心にも、懐《ふところ》にもやさしい料理が並ぶ。いわゆる〈おばんざい〉風のおかずから、お造り、創作料理っぽいものまで、料理の幅は広い。

『うたかた』

何より店の設えがいい。玄関を入る瞬間から始まり、席に着き、奥の坪庭を眺めるまで、本物の京都をゆっくりと見せてくれる。今どきのエセ町屋とははっきりと一線を画す内装は、洛中の日本旅館にひけを取らないセンスの確かさ。

祇園が祇園らしくなくなってきた今、逆にこんなところに、かつての祇園を感じてしまう。長くご無沙汰しているが、きっと変わりなく続いているはずだ。町屋モドキに辟易《へきえき》している向きにはぜひともおすすめしたい。

洋食の店『コロナ』の玉子サンド

玉子サンドは春の季語である。初夏にかけて、でもいい。無論僕の勝手なこじつけだが、ふんわりと黄色い玉子は、見た目にも菜の花やタンポポに似て、春の野を思わせる。そして何より春の薄ぼんやりした空気に、とてもよく合う味わいだと思う。

鴨川の土手に腰掛けて、包みを解き、玉子サンドをがぶり。幸せな時間が約束される。

JR「京都」駅をはじめ、市内各地に店を展開する、京都人御用達の『志津屋』の玉子サンドが旨い。ふんわり、たっぷり

『コロナ』の「玉子サンド」

と黄色い玉子がパンからはみださんばかりの眺めは、見ているだけでも幸せになれる。が、ちょっと路地裏に足を運んでみれば、さらなる幸せが待っている。

夕方からの営業なので、青空の下で、といかないのが残念だが、この店『コロナ』【地図F㉔】を僕は飲む前の食と決めている。夕方五時一番に入って、サクッと食べて、さっさと次なる店へ移動する。いつもそんな風だ。

最近は評判を呼んで、並ばねばならないこともあるので要注意。五時少し前には路地裏の

店に辿り着きたい。

　僕の記憶が正しければ、学生時代、すなわち四十年ほども前と、店の中は何も変わっていない。昭和の中頃から時間が止まったまま。そんな佇まいの店。当時からオジイサンだったシェフはいくつになったのだろう。何もかもが昔のまま。無口なシェフは淡々とフライパンを振り、オムレツを焼いてパンに挟む。

『志津屋』のそれもオムレツはパンからはみ出しているが、この店の玉子サンドはさらにすごい。幾重にも折り重なったオムレツは、三角形にカットされたパンの五倍ほどにも膨らんでいる。口に運ぶ。これはもう、旨いとしか言いようがない。百人が百人、きっと同じ感想を持つと思う。老齢のシェフが無造作に焼いている様子を見て、誰もがおそらく一度は不安に思うだろうが、それを見事に払拭《ふっしょく》する味わいに誰もが笑顔になる。

　四切れをサクッと食べ終えたら、さっさと店を出る。真向かいは拙著でかつてご紹介した『月村』だ。ここでじっくり腰を据えて飲むのが僕のいつもの遣り方。飲む前に食べる玉子サンド、これもなかなか味わい深いものである。

『はふう』の「カツサンド」

『はふう』のカツサンド

カツサンドの季語もまた初夏である。緑が萌え、万物に力漲る気配がする初夏にはカツサンドがぴったり嵌《は》まる。京都人は皆、間違いなく牛肉好きである。すき焼きはもちろん、カレーもカツもまずは牛肉最優先。近江、丹波、松阪と、名牛の産地がすぐ近くに控えているのもその一因だが、薄味好みという印象とは裏腹に、濃厚な味を好む京都人ゆえの事でもある。従って、トンカツよりビフカツ。カツサンドも無論の事。今京都で一番旨いのが『はふう』【地図G㉘】のそれ。

食べ物の誉め言葉として、長く使われているのは「ヤワラカイ」だ。きっとそれは肉から始まったのだろうと思うが、グルメ番組のレポーターが何かを口に入れて、必ずといっていいほど、第一声は「ヤワラカーイ」だ。肉なら分からなくもないが、刺身を食べても、野菜を食べても、あげくには豆腐にまでも「ヤワラカイ」という言葉を使う。

ヤワラカクない豆腐なんかあるんかい！　と思わず大阪弁でツッコみたくなる。が、しかし、かくなる僕も「ヤワラカイ!」と叫んでしまった食べ物がある。それは『まい泉』のカツサンド。

当然のようにカツサンドもトンカツではなくビフカツ。豚に比べて牛はやはり幾分硬い。ステーキハウスでテイクアウトするような高級品ならいざ知らず、普段に食べるビフカツサンドは、しっかり噛み応えがある。つまり京都人にとってのカツサンドは、がぶりと食べて、しっかり噛み締めるものというイメージがある。

東京駅の売店で買って、新幹線の中で初めて『まい泉』のカツサンドを食べた時の衝撃は大きかった。それはまるで、ボウリングのボウルを持ち上げようとしたら風船だった、そんな肩すかし。しっかりと厚みのあるカツなのに、ふわりと歯が素通りしてしまった。メンチカツではないかと思ったほどに驚いた。無論それはそれで旨いと思ったし、今でも目につくと、つい買ってしまうが、やはりカツサンドは噛み締めて、じゅわーっと肉汁が染み出てきてこそ、だと思うのだ。

『喜幸』

居酒屋と呼ぶのは憚《はばか》られる。酒亭と呼ぶのがふさわしいだろうか。『喜幸《きこう》』【地図F㉕】。

豆腐だとか、川魚など、当たり前のものが旨い。それには、はっきりした理由があって、豆腐は背中合わせになっている豆腐屋からのもので、川魚はすべて亭主が鴨川で獲ってきたものだから。つまりは素性がはっきりしているのだ。地産地消、ナントカのひとつ覚えのように、どこの店もが声高に喧伝《けんでん》するのが近頃の流行りのようだ。しかしその内実はどうもアヤシイ。

店は高瀬川の小さな流れに沿って佇んでいる。

この店には食通として知られる、豪放磊落《らいらく》な人生を送った作家の色紙が残されている。

曰《いわ》く。

――この店ではいい雲古の出るものを食べさせてくれます……――

なるほど。いささか尾籠《びろう》ではあるが、モノは言い様だな、と感心したが、後日、越前海岸にある蟹の宿にも、同じような内容を書いた色紙が飾ってあったのに驚いた。よほど雲古話が好きなのかと、そう思いつつ、じっとその字を見つめると、作家の顔が浮かんだ。

戦争取材の最前線に出向いて、文字通り命を張って原稿を書いた作家の実感なんだろうと、改めて感じ入った。

食通とは縁遠い、別のノンフィクション作家はある時、「どんな旨いものでも、まずいものでも、結局出るモノは同じだ」と言い放っていた。ちょうどグルメブームが巻き起こったはじめの頃のことだから、アンチテーゼでもあったのだろうが、この作家のフィールドは金融業界だった。ふたりの作家の対比がなんとなくおもしろい。いずれにせよ、プロの文筆家が書く食べ物には味わいがあった。

　さてその、いい雲古が出ると作家が保証した料理。食通として知られる作家のお墨付きとあって、どれもがいい塩梅である。裏の店から来る豆腐もめっぽう旨い。豆の味が濃く、かと言って主張し過ぎることはない。豆腐がちゃんと豆腐の役を演じている。

『喜幸』

　京都で狂言と言えば茂山《しげやま》家。千作は健在なれど千之丞は笑顔を振りまきながら、あっちに行ってしまった。なんとも惜しいことだが、人材豊富な茂山家のこと、次代の星は着実に育っている。その茂山家が常々唱えているのが〈お豆腐狂言〉。実に言い得て妙である。

　能狂言。主従の区別はないものの、自ずとその役割は分かれる。

　主菜になることなくとも、これを欠いて京都の料理は成り立たない。それが豆腐なら、まさに狂言も同じ。

歳《とし》を経るごとに旨くなるのが豆腐。と同じく齢《よわい》を重ねるごとに狂言のおもしろさに目覚めていく。お笑い、と言いながら独善に過ぎる輩《やから》の、芸のなさを嘆いてみても詮ないこと。狂言と豆腐、その本当の価値は若輩者には分かるまい。

そう言えば川魚も同じだと気づいた。海から遠い京都だからこそ珍重される川魚だが、全国的に見ればやはり、鮎より鯛になるのだろう。明石の鯛ならいざ知らず、どこで養殖されたかも知れぬものでも鯛は鯛。腐っても鯛、とはよく言ったものだ。が、腐ったままでいかずとも、浅黒く日焼けした鯛なら、川で釣り上げた鮎のほうが旨いに決まっている。

そんな話をしながら一献、また一献。京都にはまだまだこんな店がたくさんある。大手外食チェーンや、ひと旗挙げようとして地方から出てくる店に行く前に、訪ねるべき食は幾らもある。

『瓢亭MARU』

同じ店名だがミシュラン三ツ星の老舗料亭ではない。が、かつてはそれにも匹敵するような屋敷を構えていた店『瓢亭《ひょうてい》』の流れを汲む。

応仁の乱勃発地として知られる『上御霊神社』の門前近く、尾形光琳の屋敷跡と伝わる豪邸を料亭にした『瓢亭』。当時の我が家から歩いて三分ほどという近さもあり、会合などにも何度か足を運んだ。たくさんの座敷が並んでいて、西陣の旦那衆から同志社、大谷大学の教授陣など、会合という名の宴席を張っていたのも今は昔。バブルの後遺症なのか、いつの間にか取り壊され、跡形もなくなっていた。

その流れを汲む『瓢亭ＭＡＲＵ』【地図Ｇ㉟】は、四条新町の入り組んだ路地の、そのまた奥の路地にひっそりと店を構えている。初めて行くときはきっと迷う。そこがまた愉しい。

『瓢亭 MARU』

六席ばかりのカウンターには〈おばんざい〉風の大鉢が並ぶ、いたって気楽な店だが、料理はさすがに元料亭だけあって、手抜きのない確かな味わい。店の名が示す通り、すっぽん料理を手軽に食べられるのがうれしい。小鍋なら千円、まるの茶碗蒸しが九百円と、いたってリーズナブル。
たまさか三ツ星料亭と同名だが、店のありようは正反対とも言える。したがって南禅寺の空気を願う客にはまったく向かない。カジュアルな居酒屋という範疇を超えない店の味わいはしかし、僕にとってノスタルジーという調味料が加わってのことかもしれない。

『ビィヤント』のカレー

京都にカレーの旨い店が多いのは、学生の多い街だから、という説がある。今や日本の国民食と呼ばれるほど、我が国に根づいた料理だが、その特徴はなんといっても手軽に食べられて、お腹がいっぱいになること。懐に余裕がなく、食欲旺盛な学生には恰好の食べ物というわけだ。

洋食屋のカレー、エスニックカレー、蕎麦屋のカレー、カフェのカレーと、様々なカレーがあるが、日本風のカレー専門店となると存外少ない。チェーン店なら洛中のあちこちで見かけるものの、支店も持たず、そこ一軒だけで、となると中々思い当たらない。かつて木屋町に『インディアン』というカレーの名店があり、ふと食べたくなるといても立ってもいられず、万難を排して訪ねたことも数知れずだったが、洛中から姿を消してしまった。『インディアン』と同じく、ふとその店のカレーが浮かぶと、どうあっても食べずに済ませられないという店があって、名を『ビィヤント』【地図F⑯】という。場所は東大路通の丸太町から北に上って東側、京大病院の真向かいだ。

奥に長いカウンターだけの店。時分どきには行列ができる。

なぜ京都には辛いカレーが少ないのか、が店を始めたきっかけだというくらいだから、この店のカレーは僕好みの辛いカレー。甘口、中辛、辛口と辛さは三段階に分かれていて、多くは無難に中辛を選ぶのだが、これが悲劇の始まり。中辛とはいっても、他店の大辛に勝るとも劣らない辛さ。目を白黒させ、噴き出す汗をハンカチタオルで拭い続けていた若い女性はまこと気の毒だった。カレー好きの聖地をなめてはいけない。

いささか大袈裟に過ぎるかもしれないが、この『ビィヤント』のカレーは正しく辛い。辛くないものはカレーと呼ばない、そう嘯《うそぶ》いた店主は極めて真っ当だ。

僕は必ずカツカレー。と、ルーをビーフ、ベジタブル、チキン、シーフードの四つから選ばねばならないのが、面倒であるはずもなく、実に愉しい。

『ビィヤント』の「チキンカツカレー」

いつも僕はチキンルーを選ぶ。これはもうベストといっていい組み合わせ。無論、僕にとって、の注釈付きではあるが。炊き込んだサフランライスとの相性は、これ以上望むべくもないほどに、正しい日本のカレーライス。五十円足して、特製らっきょをトッピングする。鮨、フレンチ、すき焼き。ご馳走といって、これらが頭に浮かぶが、時によって、カツカレーには適《かな》わない。食べ終えたときの満足感たるや、他の追随を許さない。満腹満足のひと皿は、京大のすぐそばにある。

二・春の京都食事情

本シリーズの前三著で、今の京都の店事情、それに付随するフードライターたちの不条理を嘆く言葉を綴ってきた。季節は春である。苦言を呈するのは避けたいところだが、歳を重ねると、日々気に掛かることが多過ぎて、それを溜《た》めこむことは身体にも悪いだろうと、言い訳を用意し、少しばかり書いておく。

近頃もっとも気になるのは、食にまつわる言葉遣いだ。大きくみっつ。

〈いただく〉〈食する〉〈ふるまう〉だ。

テレビの旅番組。旅館に着いて風呂に入り、浴衣に着替えたレポーターの女性が、ずらりとお膳に並んだ料理を眺めて、箸を手に取る。

「うわぁ、美味しそうですね。では早速いただいてみることにしましょう」

迷い箸を恥じることもなく、マグロの刺身を取り、たっぷりと醤油をつけて口に運ぶ。

「うん、美味しい。脂がしっかり乗ってますね。やわらかくて本当に美味しいです」

刺身を食べて、やわらかい、はないだろうと思いながらも、一番気になるのは〈いただいてみることにしましょう〉という言葉の使い方である。なぜ〈食べましょう〉ではいけないのか。

食事を始めるとき、多くの日本人は手を合わせ「いただきます」と言う。誰に向かっての言葉かと言えば、その時間を与えてくれた父母をはじめとした先祖であり、食材を育ててくれたお百姓さんや、漁師さんたちだ。万物すべての源である神さまもその感謝の対象だろう。〈いただく〉という言葉は本来、今自分が生を受けていることに対する感謝の気持ちから始まり、そこに関わるすべてに敬意を表して〈いただく〉のだ。

だが先のレポーターの〈いただく〉という感謝の対象は、目の前の料理人そのものに限定されている。それが証拠に食べ終えたレポーターの前に現れた料理人は、自慢げに腕を組み、件のレポーターはひれ伏すかのように、謝意を伝える。

それとは対照的に見えて、実は根っこが同じだと思えるのが〈食す〉という言葉。〈食す〉。そもそもそんな日本語があるのかどうか分からないが、なぜ普通に〈食べる〉と言えないのだろうか。

——カウンターの上に鉢が置かれた。湯気が上るラーメンは素晴らしい香りを発している。ひと口食してみて驚いた。ダブルスープの配合が絶妙なのだ——

ここで〈食べる〉と言わず〈食す〉という言葉を使うのは、試食の意味を含んでいるからだろうと推測される。

〈食べる〉というのは、人間の本能だが、〈食す〉には、それとは異なる〈味見〉的な意味合いを含んでいる。食事を生業としている印なのだろうが、いつの間にかそれを一般人までが真似るようになり、食ブログに飛び交うようになった。

「食」を弄《もてあそ》ぶ今の傾向に異を唱えたいのは、まさにここなのである。

映画でも舞台でも本でもいい。端から評論するつもりでそれらと向き合うことなどあるだろうか。観たいと思って、読みたいと思って、その結果、想いと違って、あるいは想い通りで感想を語るのが普通のことだろう。プロでもなければ、感想を語るために観たくもない映画を観ることなどないに違いない。映画の一本や二本観たとて、空腹を満たすことなどできやしないのだから。

さらに気になる言葉がある。

〈ふるまう〉というのは、文字通り、振る舞うのであって、それは無償の行為であるはず。

――前菜が出された後、椀物と続き、そしていよいよ、店のご主人自らの手によって、お造りが振る舞われる――

ある食雑誌に書かれていたコメントだ。お造りはタダなのだろうか、と嫌みのひとつも言いたくなってしまうのは、年老いて頑迷になった印なのだろうと自戒しつつも、気になることはやはり気になる。

〈食〉の店を書くに、過剰なまでの敬語がなぜ必要なのか。

――〇〇さんは京都の名店で長年修業なされて、めでたく独立を果たされ、祇園にお店を開かれた。（中略）普段は中々なさらない料理を作ってくださった。朝早く、〇〇さんは自ら市場まで出掛けられ、ご自分で選んだ食材を仕入れてこられ、ずっと仕込みをしていてくださったと聞いて、頭の下がる思いだった――

読んでいて、何度もため息を吐いた。

さも親しげに、料理店の若い衆を「君」付けや「ちゃん」付けで書くブログも、それはそれで座りは悪いが、ひと回りもふた回りも年下の料理人に、ここまでの敬語を連発するよりはまだましか。

一方で、店側のぞんざいな態度も目に余る。

本シリーズを書きながら、できれば新しい店の何店かは、と思って、評判の店、何軒かに食べに行ってみたが……。

共通しているのは、馬鹿丁寧な言葉遣いと、それと反比例するかのような、心のなさだ。

名店と呼ばれる店の二号店にこの手合いが多い。

僕はちっとも名店だとは思っていなかったのだが、信頼のおける友人があまりにすすめるものだから、新しくできた中華料理店へ行ってみた。

なぜこんな難読の店名にするのだろう、と訝りながらのランチタイム。ほぼ満席だ。名物だという小龍包《しょうろんぽう》が二個、蒸籠《せいろ》に入って出てくる。この小龍包というものはクセモノで、うっかりすると飛び出してくるスープで火傷《やけど》する……はずなのだが。冷めてはいないが、アツアツとはお世辞にも言えない。皮に穴を開けるとスープが飛び出して……こない。

僕だけかと思いきや、隣のテーブルでも同じだったようだが、それでも〈美味しい!!〉を連発している。〈さすが〇〇の二号店やな〉とも。

つまりは、隣の客は食べる前から、美味しいと決め込んでいるのだ。首をかしげながら待っていると、ほどなくトレイに載ったマーボー豆腐セットが登場。ここでも気になったのがスタッフのサービス。音を立ててトレイを斜めに置く。客の目など見る気もない。

四川山椒が効いて、ほどよい辛みと旨み。メインのマーボー豆腐は悪くないのだが、ここでも〈温《ぬる》さ〉が気になる。スープなどは明らかに温いと言ってもいいほど。

ザーサイ、サラダも付いて、ボリュームは満点だが、いかんせん心が伝わってこない。

なぜ〈温い〉のかと考えて、思い当たったのが〈甘え〉である。客が甘やかしている典型だと思った。最初に名店のディフュージョン店だという刷り込みがあって、その割に価格が安い。デザートも付いて千円なら文句は言えないだろう、となる。

だがもしも、最初に名店ありきでなかったとすれば、どうだろう。可もなく不可もなく。駅ビルの地下にあるチェーン店のそれと大差はない。

どちらを選ぶかと問われれば、僕は後者だ。ちゃんと客の目を見て、〈ありがとうございました〉と送り出される気持ちのよさを優先したい。投げるように釣銭を置いて、逃げるようにレジを離れるスタッフの背中は、後味の悪さだけを残す。これもまた、名（迷？）店の後押しをするネット社会の弊害。あるいは、店に星を付けることの余波だろう。

平成二十三年の初仕事は『毎日新聞』関西版でのコラム執筆だった。テーマは〈ミシュランガイドの余波〉。思いのままを綴った記事の原文を以下に写して、四度にわたる〈京都最新食事情〉の締めくくりとしたい。

＊

〈食べる〉という行為は文句なく愉しい。大きく言えば人生最大の愉しみである。人は生きるために〈食べる〉のか、〈食べる〉ために生きるのか。〈生〉と〈食〉は常に一体を為《な》す。

歯科医という仕事がら、患家へ訪問診療に赴くことがある。寝所に横たわり、その主訴と言えば大方が義歯の不具合である。老齢の患者さん曰くは「食べることだけが最後の愉しみ」。残された人生に多くは望まないが、息を引き取る最後の瞬間《とき》まで、美味しく食べたいと願う。幾度そう聴いたことか。〈美味〉に対する執着は生命力の源でもある。

ではその〈美味〉とは、どう定義されるのか、と診療録《カルテ》を繰ってみて、一切の答を見つけることは叶わなかった。

ある老婦人は、青菜を噛み締めて歯触りを愉しみたいと言い、その伴侶たる老紳士は、葱《ねぎ》の旨みを吸った鴨を味わいたいと願っていた。美味とはそうした、極めて私的なもので、人それぞれなはずだ。決して他から定義されるものであるわけがない。

なのにどうだ。「この料理は最高の美味だ。こだわり抜いた食材を、優れた料理人が超絶の技法で調理して、あーだ、こーだ」と、食の評論家たちが美味を定義し、断じてくれる。これをして余計なお世話という。のみならず、ご丁寧にも星まで付けて、その数で価値を測れと宣《のたま》う。

美味を語ることを否定するものではない。たかがラーメンや蕎麦一杯に、哲学まで持ち込まれるのはご免蒙《めんこうむ》るが、文豪たちが遊んだと同じく、食を語るのは含蓄《がんちく》があって愉しいものだ。小説執筆に飽いた物書きが、手遊《てすさ》びに綴った〈食〉は余技を超えて、時に深い含蓄を見せる。だが近年の〈食綴り〉はそれとはまったく趣を異にする。書くために食べている、つまりは本末転倒である。

ブログにせよ、雑誌にせよ、そこで発表する為に食べ歩き、そのプロセスを事細かに書き連ねることに、いかほどの意味があるだろうか。新店ができたといっては馳せ参じ、賞賛の言葉を連ね、予約が困難なほどの人気店で食べたことを自慢げに書く。

人がそれぞれ、自らの好みである店や食を紹介するのは悪いことではない。だがそれを普遍的な、絶対価値であるかのように断じるのは罪なことである。

食べることしか頭にない人たちの妄言に振り回され、行列や星を追い掛けてばかりいると、真の美味に出会う機会を失い、さらにはもっと大切なことが人生にあることをも、きっと見失ってしまう。

京都西陣。ミシュランの星が付いた蕎麦を食べるためには、長い待ち時間をも厭わない人の列が続く。結果、そのすぐ近くにある名刹大徳寺にも、平安京の玄武を築いた船岡山にも足を運ぶことなく、京都旅を終えてしまう。

一方で必要以上に持ち上げられた一部の料理人たちは、客を見下すような表情さえ浮かべるに至る。星の数で測るような〈美食〉偏重は、旅人を惑わせるのみならず、主客を転倒させてしまう危うさをも孕《はら》んでいる。星の一つなくとも、矜持《きょうじ》を高く持ち、心を籠《こ》めて料理を作り続ける職人は、街のそこかしこに潜んでいる。

多くのマスメディアがミシュランガイドを語るに、決まって〈権威あるガイドブック〉と枕詞《まくらことば》を付けるのに異を唱える。〈食〉を語るに、もっともふさわしくないのが、〈権威〉や〈星〉という言葉なのである。

第四章　近江歩き——江の故郷へ

お江ブーム来たる？

日曜日の夜。ＮＨＫの大河ドラマを愉しみに待つようになれば、立派な老年だと思っていたが、ついに自らもその仲間入りを果たすに至った。とは言ってもそれは『龍馬伝』からだから、まだまだ新参者ではあるのだが。

平成二十三年のそれは『江《ごう》――姫たちの戦国』である。一大ブームを巻き起こした『龍馬伝』の直後だけに、はたしてその出来栄えは？　人気は？　と注目を集めたが、順調な滑り出しを見せた。初回から琵琶湖の光景が何度も画面を彩る。最近、近江に肩入れしている僕はホッと胸を撫《な》で下ろすと同時に、胸を熱くした。

お江の生涯がどう描かれるのか、興味深いところだが、ひとりの母としての、お江に光を当てることはあるだろうか。

東京目黒。『祐天寺』の厨子《ずし》が、お江の位牌を納める〈宮殿〉であることが、つい先日判明したのだという。

幕府公式のお江の〈宮殿〉は徳川家の菩提寺である、『増上寺』と伝わり、『祐天寺』のそれは、誰が造ったものなのか、長く不明のままだった。

当時の消息が見つかり、『祐天寺』の〈宮殿〉は、お江の三男忠長が造営したものだと分かった。兄弟が将軍の座を争った際にも、お江は自ら育て上げた忠長を強く推したと言われている。忠長はその恩返しの意味もあって、幕府に無断で霊廟を作ったに違いない。

お江の死後間もなく、忠長は改易され、二十八歳という若さで切腹した。お江と忠長は、よほど強い絆《きずな》で結ばれた母子だったのだろう。そんなお江の、母としての一面も描かれるのかどうか。母なる湖、琵琶湖を擁する近江の国に生を受けたからこその生涯、そこにも目を向けてほしいものだ。

意外と言ってはいけないのだろうが、龍馬ブームに沸いた昨年より視聴率がいいと言う。なぜかと考えて思い当たるのは、そのテンポの良さだろう。いささかマンガチックとも思えるほどの展開で、あっという間に〈本能寺の変〉まで行ってしまい、信長の姿が消えた。さてこの後、お江は、近江はどう描かれていくのだろうか。

近江への想い

強く近江に魅かれはじめて二年近くになる。本シリーズを編む少し前辺りから、急速に近江にのめりこむようになった。だがその兆しはずっと前からあった。何しろ湖西の水辺に賃貸マンションを借り、週末はそこをベースに近江逍遥を繰り返していたくらいだから。

マンションとは名ばかりで、長屋のような棟続きの貸家。お世辞にも豪華とは言えない佇まいだったが、ただただベランダが琵琶湖に張り出すように備わっていたことだけが、魅力だった。右左、どちらの隣人も人懐っこい方々で、近江初心者の僕になにくれとアドバイスをしてくれた。

ドカ雪が降った翌朝はいち早く雪かきをして、道を開き、ルール違反を犯して水辺を走る水上バイクを怒鳴り散らして追い払う。右隣のオヤジはかつての京都、濃密な関係を築いていたご近所さん、そのものだった。近江の暮らしぶりが昔の京都と重なった。

ひと通りの四季を過ぎ越し、さまざまが面倒になり、さらりと引き払ったのだが、僕の近江好きは、このときに始まったと言える。

自転車を持ち込み、隈なくとも言えるほどに湖西は巡ったものの、広い湖を挟んで対岸、湖東・湖北へ足を運ぶことはなかなか叶わなかった。心理的な距離感だったのだろうか。

当時はまだ、戦国武将に興味はあっても、観音信仰にまでは食指が動かない程度の年嵩《としかさ》だった。湖西のマンションを引き払って、数年の後に白洲正子の『近江山河抄』に目覚め、湖北の十一面観音に心魅かれはじめた。

「近江は京都や奈良の舞台裏」と言ったのは、その白洲正子だが、源はすでに戦国時代から始まっていたことを、このドラマは改めて見せつける。

そもそも信長が、妹を近江・浅井家に嫁がせたのは、京都を手中に収めるための方便だった。東国と都を結ぶ線上には、必ず近江の国が横たわっていて、つまりは最初に都ありきの近江だったのだ。

表舞台ではなく舞台裏。目的地ではなく通り道。近江はその歴史の中で、長く脇役を演じてきた。だが、華やかな主役より、渋い演技を見せる脇役に魅かれることがままあるのと同じく、近江が持つ魅力は、燻《いぶ》し銀のように鈍い光を放ちながら、人を惹《ひ》きつける。その象徴とも言えるのが、湖東から湖北にかけての地である。

一・湖北の愉しみ

湖北の中心をなすのが長浜の街。北国《ほっこく》街道の要衝《ようしょう》の地として古くから栄えてきたが、近年になって長浜が脚光を浴びるのは今回で二度目のこと。一度目は二十年ほども前のことだったろうか。

いっとき日本列島には街興《おこ》し、村興しの波が渦巻いた。地方の活性化を旗印に、それぞれの自治体が工夫を凝らし、おらが村の、我が町の売り出し作戦に力を入れた。

北の街小樽と並んで、湖国長浜もその顕著な成功例として、全国各地から視察に訪れる役人たちが殺到した。スーツ姿の男性集団が『黒壁スクエア』のそこかしこで、写真を撮り、説明を聞きながら熱心にメモを取っていた。

レトロな建築を生かし、モダンな店舗を並べ、ガラス、オルゴールなど、若い女性の好みそうな商品を揃えれば客が集まる。そんな魁《さきがけ》になったのが長浜。

言わば作られた街。僕はそれを好ましく思わなかったせいで、長らく足が遠のいていた。流行ではなく、古くから長浜の街で続いてきた〈盆梅展〉と長浜名物〈焼き鯖そうめん〉には魅力を感じても、降ってわいたようなレトロモダンには食指が動かなかった。小樽と長浜の店で売っている物が同じ、ということにも鼻白んだ。が、長浜だけを責めるのは酷というものだろう。日本中あちこちで同じ愚が繰り広げられ、あろうことか、我が京都の嵐山にもタレントショップなるものがずらりと並び、修学旅行生をはじめ、多くの観光客が群がる時代があったのだ。

ブームというものは、盛りが去ってしまうと、実にみじめな姿を晒《さら》すことになる。長浜不遇の時代はしばらく続いた。二度と同じ轍《てつ》を踏まないようにしてもらいたい。

さてその長浜。大河ドラマが始まり、イベントも幕を開けると一気に活気づいてきた。三つのイベント会場には人が溢れている。共通入館券と、三箇所の会場を繋ぐシャトルバスの乗車券がセットになったチケットを売っているので、時間もたっぷりあって、すべてを観て回りたいという向きには、これがおすすめ。

だが、京都旅の途上で、ついでに〈江さま〉も観ておきたいという程度の方には、『小谷《おだに》城《じょう》跡《あと》』【地図R-a】だけでもいい。大河ドラマの初回に出てきたシーンを思い浮かべながら、城跡を散策する。

『小谷城跡』小谷山麓に咲くさくら

長浜逍遥

ＪＲ「長浜」駅からスタートする。少しばかりレトロな空気を残す駅には、ステンドグラスに彩られた〈長濱驛〉の看板がある。西口から琵琶湖へ向かって歩く。と、すぐに城が見えてくる。

浅井家を滅ぼした褒美にと、秀吉が信長から拝領した湖岸の地は、元は〈今浜〉と呼ばれていた。そこに築城し、地名を〈長浜〉と変えたのは、信長から一字を取ったと伝わる。天下取りに長《た》けた秀吉らしい話だが、一説には浅井長政の無念を思って、長政から一字を取ったとも言われている。しかし、長政のしゃれこうべに金メッキを施した信長に奨められ、そこに酒を注いで飲み干した秀吉のこと。そんな情愛があったとは、とてもじゃないが思えない。場が白けるのを承知の上で、それを辞退した光秀ならあり得るだろうが。

そんな秀吉の得意満面が目に浮かぶ長浜城は、重厚とはお世辞にも言えない。復元されて、まだ三十年にも満たない天守なのだから致し方ない。城跡と思って眺めるのがいい。

見るべきはさくら。この城跡公園（豊公園）【地図R-b】一帯のさくらは〈日本さくら名所百選〉に選ばれている。ちなみに、近江では後、海津大崎だけ。京都市内では、御室仁和寺、嵐山、醍醐の三箇所という厳しいセレクト。大盤振る舞いする格付けガイドブックとはえらく違う。海津大崎は遅咲きのさくら。琵琶湖の北端に植わるそれは、まことに美しい。船を出して湖上から見れば、まさしく絶景。さくら好きは覚えておきたい。

駅に戻り駅前通りを辿って、にぎやかな一角へ出る。すぐ左側に前回ご紹介した『鳥喜《とりき》多《た》』【地図R-b㊺】がある。時分どきともなれば、長い列ができる。ここを左に曲がれば、これまた〈焼鯖そうめん〉をおすすめした『翼果楼《よかろう》』【地図R-b㊹】があり、その先にはかの有名な界隈が続く。黒壁スクエアに興味があればそちらへ。なければ、駅前通りに戻る。『鳥喜多』の並び、交差点を渡ってすぐのところで見上げればそこには不思議なビル、長浜タワー【地図R-b】がそびえ立っていた。

香港のダウンタウンにありそうな、キッチュなデザインが愉しい。日本中、どこの街に行っても同じような眺めであるなか、こういう妖しげな建物は貴重な財産。危険がなければ朽ち果てるまで、このまま置いておいてほしい。

と、振り向けばそこに建つ洋館も不思議な佇まい。『旧開知学校』【地図R-b】。商業施設として再利用されているようだ。今風のレプリカ建築かと思いきや、立派な文化財だと立て札にあった。明治四年に滋賀県初の小学校が創立され、その新校舎として同七年に建てられたものを移築したのだそうだ。

『長浜タワー』

『旧開知学校』

『大通寺』「山門」

適度な傷みが哀愁を誘うようで、しかしそれよりは愛嬌が先に立つ。

『大通寺』と『長浜八幡宮』

この後は古刹を訪ねる。目指すは『大通寺《だいつうじ》』【地図R-b】。『東本願寺』の別院という位置づけだが、一般には〈長浜御坊〉と呼ばれている。門前の石畳道は中々の風情だ。

表参道から奥に『大通寺』の「山門」を望む細い石畳の道。この道の佇まいのほうが、『黒壁スクエア』界隈より遥《はる》かに長浜らしいと思う。作り過ぎたものは必ず飽きられる。観光業に携わる者、すべてが頭に叩き込んでおいてほしいと願う。

江戸期の建築といわれる『大通寺』の「山門」は近づくほどに、その壮大な眺めに圧倒される。総欅《けやき》作り。完成までに三十三年を要したとあり、さもありなんと思う。桃山様式をこれほどに今に伝える建築がはたして他にあるだろうか。いささか大袈裟な表現に過ぎるかもしれないが、実際にこの「山門」に対峙して、そんな感慨を持ってしまうのは、僕だけではないはずだ。
が、これだけではない。『大通寺』の門と言って忘れてならないのは「台所門」。元は長浜城の城門なのである。建築は天正十六年。山内一豊の頃である。『大通寺』の境内には他にも多くの見どころがあるが、それは訪ねて後の愉しみとしよう。事前に多くを知り過ぎてしまうといささかなりとも興趣を削ぐ。

寺を出て八幡さまへ。『長浜八幡宮』【地図R‐b】がそれ。と、その前にこの『大通寺』の門前名物とも称される寿司を買っておこうか。

『長浜八幡宮』

近江米で知られる滋賀県はまた、米どころでもある。江戸前とは違って、持ち帰りがメインの箱寿司や棒寿司も、長浜の名物。代表はこの『こめ治《じ》』【地図R‐b㊸】。明治三十年創業の老舗寿司屋の箱寿司は見て麗しく、食べて旨しの長浜味土産。湖畔を散策しながら虫養いにも、宿に持ち帰っての夜食にもよし。

その時々の白身魚を丁寧にほぐした身に、百年

『こめ治』の「箱寿司」

タレを絡め、しっかりと酢飯に合わせる。甘辛味が何よりのご馳走。長い歴史が深い味わいを生み出す。江戸の寿司を食べ慣れた身には、なぜこれほどに酢飯が甘いのか、訝る向きが多いだろう。京都の酢飯も甘いが、湖北のそれはさらなる甘み。郷に入っては郷に従え。それが〈地方〉というものだ。

　江姫ゆかりの地については、当分の間、近江のガイドブックに詳述されるだろうから、これを省く。八幡さまを参詣した後、ふらりと歩いていて、気になる地名に出会い、それに導かれるようにして、訪れた寺が深く心に残ったので、そちらを記しておく。

　デジカメのデータカードが満杯になり、それを求めてバイパス近くのショッピングセンターを訪ねた。用を足してふと見ると、地名標識に『小堀町』とある。はてひょっとして、あの小堀だろうか、と道往く人に尋ねれば、まさにその通り。そして教わったのが『近江孤篷庵』【地図R-a】。小堀遠州ゆかりの寺。第二章でも詳述した遠州はまた近江の人でもあった。所謂《いわゆる》習い事ではなく、分別のつく歳になった男がたしなむ茶なら〈遠州流〉に限るとは、巷間《こうかん》よく言われる話。憧れながらも、縁あってお裏さんの門を敲《たた》いた身。浮気などできようはずもない。大徳寺『孤篷庵』で茶を習っているという患者さんの話を、羨《うらや》みながら聞く日々が続いている。それだから、なのか、小堀遠州という名に鋭く反応してしまう。そう言えば『小室城』の主は小堀遠州だったことを思い出す。遠州という名に気を取られていたが、出身は近江のこの地だったのだ。

京都『大徳寺』の塔頭『孤篷庵』は非公開寺院である。ゆえに庭も茶室も観ることは叶わない。江戸の仇《かたき》を長崎で、ではないが、京都で見られないなら、近江で拝見してみよう。

『近江孤篷庵』

歩いて行きたいと言うと、それは無理だろうと言われ、やむなくタクシーに乗り行き先を告げた。

「歴史好きなんですか？」

ドライバーが問う。

「それほどでもないんですが、小堀遠州ゆかりと聞いたもので」

さらりと答える。

「最近えらい多いんですわ。遠州さんブームですやろかね。江さんと両方のファンやいう方がこの頃増えてきましたわ」

大河ドラマのヒロインだから江さまは分かるが、遠州はなぜだろう。

大きなショッピングセンター、小学校、野球場を通り過ぎ、タクシーは小高い山道に入って行く。工場らしき建物が続く横から、くねくねとカーブを曲がり、駐車場に着いた。

この場所を流しているタクシーなどないから、帰りを予約したほうがいいと奨められ、一時間後に頼んだ。

駐車場から向かう路には、両端に石柱が建ち、右は『近江孤篷庵』、左に〈みろくの里〉と記してある。その奥には緩やかな石段の路が続き、右手には木立が、左には小さな丘に植え込みが並んでいる。

もっと小さな侘びた寺かと思いきや、存外広い。右手は山になり、左に躑躅の植え込みが続く土路は小石が敷き詰めてあり、奥に長く延びている。

やがて竹垣が見えてきて、小さな門が開いている。寺の山門というよりは、茶室の露地へ誘うような風情がいかにも遠州ゆかり。志納金三百円也を納めて中に入る。

遠州の菩提を弔うため、小堀宗慶《そうけい》が建立した臨済宗大徳寺派の寺だが、江戸の後期になって小堀家の改易と共に衰退し、明治維新の後は無住職のまま長く荒廃していたという。昭和四十年、小堀定泰《じょうたい》の手によって、ようやく復興を遂げ、庭園も補修されたのだと記されている。古色がついていないのは当然のこと。まだ半世紀にも満たないのだから。

庭はふたつ。ひとつは枯山水、今ひとつは池泉回遊式。どちらも遠州好みとされていて、地続きになっている。

遠州の庭にはいくつかの特徴があるが、そのひとつである〈自然を借景に〉が見事だ。池泉回遊式のほうなどは、まさに深山幽谷《しんざんゆうこく》の趣あり。他に人がいないせいもあって、しんと静まり返った木々の葉摺《はず》れの音まで耳に届く。

他に参拝客がいないのをいいことに、お堂の障子を開け閉めして、ちょうどいい按配で開いてみた。京都洛北の『宝泉院』よろしく見事な額縁庭園ができる。

せめてあと五十年。そうすればお堂にも古色がつき、きっと侘びた山寺の風情を漂わせるに違いない。とにもかくにも遠州の労苦が偲《しの》ばれる庭だ。

多くを語りたくて訪ねたが、これくらいで筆を擱《お》く。

『近江山河抄』にはなかったが、見落としていたのか。『かくれ里』で白洲正子が『近江孤篷庵』にも触れていたのを、家に戻ってから見つけた。まことに小文である。

――有名な大徳寺孤篷庵の前身も、近江にある。同じく孤篷庵と呼ばれるが、これは小堀遠州の法号で、遠州は長浜の近く小堀村の出身であった。池泉と、枯山水の庭が、矩形になってつづいており、彼が故郷の地にあって、造園に工夫をこらした頃の面影が偲ばれる――

（『かくれ里』講談社文芸文庫）

二．春の湖東へ

近江八幡の水郷めぐりとグルメ

九州は福岡県。北原白秋の故郷、柳川《やながわ》という街がある。掘割の水郷として名を知られるが、ちょうどそんな街並みなのが近江八幡。街の中心部にお堀が巡らされ、緑の水面を滑るように小舟が行き交う。なかなかに情趣あふれる光景だ。

柳川を訪れた際、偶然お嫁入りの舟に出くわした。小さな舟に白無垢《しろむく》姿の女性が乗り、すーっと前を通って行く。うつむき加減の横顔には晴れやかというよりは、憂いにも似た表情が浮かび、伏し目がちな瞳は少しばかり潤んでいるように見えた。

どんな思いを胸に抱いて嫁入りするのだろう。舟がゆらゆらと進み、後ろ姿に思わず落涙したことを思い出す。

乗船場は『かわらミュージアム』の前。小半時ほどの堀巡りは千円。時間が合えばぜひとも舟で揺られてみたい。花びらが空に被さる様も見事だろう。

舟でも通るが、近江八幡で一番人を集めているのは『日牟禮《ひむれ》八幡宮』【地図R-c】。寺の裏手からはロープウェーが運行されていて、小さな頂きまで運んでくれる。が、門前で最もにぎわっているのは茶店【地図R-c㊻】とカフェ【地図R-c㊼】。どちらも地元の菓子商『たねや』の店である。

近江八幡の水郷

『日牟禮八幡宮』

近江には『叶匠壽庵《かのうしょうじゅあん》』と『たねや』、二大菓子商がある。さすが近江商人の里。どちらも大繁盛しているようだ。特に『たねや』は近年『クラブハリエ』という洋菓子店も商い、バームクーヘンが大ヒット中である。門前のカフェでも商っていて、これを目当てで神社に参る客も

『カネ吉山本』の「牛丼コロッケ」

相当多いと聞く。京都なら間違いなく門前は和菓子だが、この辺りにも近江の進取の気性が表れていて興味深い。

近江八幡。言わずと知れた近江牛の里。スイーツに負けるわけにはいかない。すき焼き、しゃぶしゃぶ、ステーキと、美食処が目白押しだが、今回ご紹介するのは、うんと手軽な変化球。とはいえども、正真正銘の近江牛を使った〈近江のほんまもん〉だ。

『日牟禮八幡宮』からすぐ、掘割の上に建つのが『茶寮　浜ぐら』【地図R-c㊽】。近江牛の店として人気を呼んでいる。

名物は〈近江牛すきやきカツ〉と〈赤の他人丼〉。前者はすき焼きをカツにしたというアイデア料理。後者は赤い器に入った牛の玉子とじ丼。

経営母体が近江牛の名店『カネ吉』だから、素材の確かさはお墨付き。味わいも何ら奇をてらうことのない直球勝負。

創作料理の常として、とかくアイデア倒れになるのだが、『浜ぐら』のそれは例外。ネーミングはユーモラスだが、味は至って真っ当。すき焼きをカツにするなど、思いもつかないが、想像をはるかに超える旨さ。さっそく我が家でもと試みたが見事に失敗。さすがプロの技。揚げ物好きには堪えられない。

系列店にはさらなる揚げ物があると聞いて馳せ参じた。

古い街並みの中ほどに建つ『カネ吉山本』【地図R－c㊿】の店頭には、パン粉に包まれた揚げ物がずらりと並ぶ。揚げ置きはせず、注文が入ってから揚げるから熱々が食べられる。

近江牛コロッケも旨いが、なんと言っても牛丼にパン粉を付けて揚げた「牛丼コロッケ」が秀逸。ブレイク必至の予感。揚げ立て熱々を頬張りながら、古い街並みを散策するのも愉しい。

近江八幡のお土産。先のバームクーヘンでもいいが、和菓子なら「でっち羊羹《ようかん》」がいい。店は『和《わ》た与《よ》』【地図R－c㊾】。あっさりした甘みと、小振りの棹で一本丸齧りしてもいい。心の籠った菓子は、しみじみと美味しい。

「近江沖」への船旅

近江八幡には、和船が巡る水郷がある。彦根には、登り石垣の残る名城、彦根城がある。北国街道の面影が残る長浜の町並み、穏やかな湖面に春の空を映す琵琶湖と、見どころは尽きない。

近江の船巡りといって、もうひとつ、忘れてならないのは沖合に浮かぶ島への短い船旅。目指したい島はふたつある。ひとつはよく知られた竹生島《ちくぶしま》【地図R】。今ひとつは、近江八幡の近くの沖島【地図R】である。

沖島は、世界的にも珍しいとされる、ある際立った特徴を持っている日本でただひとつの島。

沖島は、淡水湖に浮かぶ島の中で、日本でただひとつ、人が住む島なのである。人口はおよそ四百人。島に信号はないが、

『沖島』

学校はあるという。この近くで獲れるモロコが秀でているというのも、沖島の人々と関連があるのかもしれない。
春の湖を吹き渡る風は頬に心地いい。こんな珍しい島に渡ってみるのも近江ならではの愉しみ方。

竹生島

琵琶湖の島と言えば竹生島。神の島である。神を斉《いつ》く島。『宝厳寺《ほうごんじ》』、『都久夫須麻《つくぶすま》神社』。ふたつの寺社を巡るのがこの島の流儀。だったのだが、残念ながら『都久夫須麻神社』のほうは本殿保護の目的で、一般客の拝観ができなくなった。まことに残念至極である。

竹生島の弁財天へ、信長が江を案内する場面がある。小舟に乗って島へ着く。参詣を済ませて後、舟で戻るとき、はるか沖合に、かつての小谷城を望む。

『竹生島』

江にとって、父である浅井長政が篤《あつ》い信仰を捧げた『竹生島』へ、なぜ信長は江を連れて行ったのか。戦国の世の不思議、不条理、因縁、ありとあらゆる因業が、ここにあるような気がする。武士であれ、漁師であれ、あるいは農民であっても、湖に浮かぶ小島に敬虔な祈りを捧げることに、何ら変わりはない。『竹生島』は、そんな信仰の対象なのだろう。本殿の修復はちょうど、平成二十三年三月末に終わる。琵琶湖の、近江の、いや、日本の信仰の源ともいえる『竹生島』へは、何をおいても出向きたい。

『竹生島』はまた〈都久夫島〉とも書く。ツクブシマだ。

神亀元年というから奈良に都が置かれていた頃の話。聖武天皇の夢枕にアマテラスオオミカミが現れ、「江州の湖中に小島がある。その島は弁才天の聖地であるから、寺院を建立せよ。さすれば、国家泰平、五穀豊穣、万民富楽となるであろう」というお告げを授けた。

聖武天皇は早速、行基を勅使として遣わし、堂塔を開基させたのが始まりという『宝厳寺』。琵琶湖の神秘はすべてここに秘められているように思える。

三．逢坂越え——近江と京を結ぶ道

京への道

〈京都〉というタイトルを付けながら、近江、近江と繰り返し書いてきた。熱心な京都ファンに叱られながらも、ずっと続けてきたのは、近江に昔日の京都を見たからだろうと振り返って想う。古寺の佇まい、街角の食堂、霞がかかったような街角。何より、迷い道を尋ねればすぐに教えてくれる人々のやさしさ。いつの間にか京都が失ってしまった景色を、近江は今も見せてくれる。

そんな近江をもっとつぶさに観てほしいと願って、書きはじめたのが、いつの間にか自分自身が近江の虜《とりこ》になってしまった。それはちょうど、二十年ほども昔、堰《せき》を切ったように、京都に対する思いの丈を綴りはじめた頃とよく似ている。

だが、近江には肩透かしを食わせるようで申し訳ないのだが、〈京都〉をタイトルに謳った本としては、近江と京都を繋げなくてはならない。近江のガイド本ではないのだから、あくまで〈京都〉紹介の流れの一環であることを綴らねばならない。

京都と近江を結ぶもの。あるいは路といってもいい。それがあってこそ、四季の京都を書き連ねる中に近江という地が再三登場した意味を持つ。

多くがそうであるように、東の国から都を目指せば、どうあっても近江の地を通らねばならない。東海道五十三次なら大津。今も東海道新幹線は琵琶湖を右手に見ながらトンネルに入り、京都へと向かう。その直前に見える街灯《まちあか》りが大津だ。

旅人だけではない。京都の街を潤し、あらゆる美味を編みだす水の道もまた同じ。大津から山科、山科から東山へと、『琵琶湖疏水』という名を背負い、都を目指して流れていく。

四季の近江を綴ってきた結びとして、直接近江から京に繋がる道を歩いてみたい。

大津から山科へ

出発点は大津。いよいよ都を目前にして、最後の宿場町だが、今、大津と名のつく駅は大きくみっつある。ひとつはJR「大津京」、ふたつにJR「大津」、そして京阪電車の「浜大津」。どこからスタートしてもいいのだが、古の旅人に倣うなら、草津宿から膳所《ぜぜ》を経て、JR「大津」駅からの道。

この駅は琵琶湖から少し離れている。駅を出てまずは琵琶湖に向かって歩き、京町辺りまで、宿場町の空気を今に伝える古い街並みを見ておく。そのまま「浜大津」の駅を経て琵琶湖まで行ってもいいが、琵琶湖港周辺の話は初回、夏編に書いたので省く。京町二丁目の交差点を左に折れ、西近江路、すなわち国道一六一号線を目指す。

大津祭でにぎわう界隈を抜け、大通りに出るとそこは札《ふだ》の辻《つじ》。その地名にもしっかりと宿場町の面影を留めている。

琵琶湖を背にして緩やかな上り路を行くと、明治天皇聖跡碑《せいせきひ》が建っている。ここが『大津宿本陣跡』【地図R-f】。かつては三階建ての広々とした屋敷が建っていて、三階の楼閣から諸藩の大名たちが、琵琶湖の絶景に感嘆したと言う。

さらに道を行くと、そこはいよいよ逢坂一丁目。逢う坂。

字は体を表す。会う、より、逢う、のほうが想いははるかに強い。逢う坂、の想いは何に向けて、どこに向けたものなのか。都に向けたもの、とも解釈できる。

だが他方、〈おうさか〉という読みに目を向ければ、〈追う坂〉とも読める。東国から都を目指す人の後を追う。逢坂山は、さまざまに想いを掻《か》き立ててくれる。よくぞ名づけたものだとも思う。

蟬丸ゆかりの神社

そんな坂だが逢坂といってまず思い浮かぶのは蟬丸《せみまる》の歌だろうか。

——これやこの　行くも帰るも別れては　知るも知らぬも逢坂の関——

『大津宿本陣跡』

蟬丸は、宇多天皇の皇子敦実《あつみ》親王の雑色《ぞうしき》、もしくは醍醐《だいご》天皇の皇子と言われるが、定かな記録は残っていない。謎の人物である。百人一首にあって、蟬丸と言えば誰もが諳《そら》んじているほどに知られた歌。

おとなたちの百人一首がひと段落して、さあ子どもの時間。坊主めくりに目を輝かせて、一番記憶に残っているのがこの蝉丸。

逢坂一丁目。右手の山裾に佇むのが『関蝉丸《せきせみまる》神社』「下社」【地図R-f】。祭神はサルタヒコノミコトとトヨタマヒメノミコト。そこに蝉丸が合祀《ごうし》されたという社。これより先に建つ「上社」【地図R-f】と、さらにその上にある『蝉丸神社』【地図R-f】。三社を合わせて『蝉丸神社』と呼ぶこともあるようだ。ちょっとややこしい。

京阪電車の踏切と重なるように石の鳥居が建ち、侘びた風情を漂わせる。

踏切の横には『関蝉丸神社』と〈音曲藝道祖神〉と、ふたつの標石が並んでいる。

本堂は檜皮《ひわだ》葺《ぶ》きの重厚な建築で、境内には紀貫之《きのつらゆき》が歌に詠んだ「関の清水」が今も滾々と湧き出している。


——逢坂の　関の清水に影見えて　今や引くらむ望月の駒——

後醍醐天皇の依頼に応えて、月次屛風《つきなみびょうぶ》のために奉納した歌。往時、八月満月の頃、諸国大名が献上した馬を逢坂で迎える行事があり、それを〈八月駒迎え〉と呼んだという。その様子を歌に詠んだのが紀貫之。ちなみに望月には満月の意に加えて、信濃の馬の産地をも掛けたのだそうだ。

蟬丸も紀貫之も、その歌碑はふたつとも境内にある。

さほど広いとは思えなかった境内だが、観るべきものがいくつもあって驚いた。まずは灯《とう》籠《ろう》。鎌倉時代の作で、重文に指定されてい、蟬丸形の「時雨《しぐれ》灯籠」と立て札にある。〈残月〉〈濡鷺《ぬれさぎ》〉〈水蛍〉など、灯籠の型には風雅な名のついたものが多くあるが、この地の空気も相《あい》俟《ま》って、〈時雨〉とは、なんとも風雅である。

『関蟬丸神社』下社

境内の裏手に回ると「小町塚」がある。言わずと知れた小野小町の塚。小町は晩年、この辺りに隠棲したと伝わる。

境内にはサネカズラが植えられているが、これには深い訳がある。その話は後述する。

蟬丸はまた盲目にして琵琶法師だった。謡曲〈蟬丸〉でもお馴染みの話。

盲目の幼子を、僧の姿に変えて、帝は逢坂の地に捨て置いた。我が身の不幸を慰めるのは琵琶の音ばかり。蟬丸はやがて琵琶の名手となっていく。同じ帝の娘もまた不遇をかこい、いつしか狂女となって逢坂の山を彷徨《さまよ》う内、琵琶の音色に導かれるようにして、弟蟬丸との再会を果たす。お互いの宿命《さだめ》、因果を哀しみながらも、姉は都に戻って行く。名場面だ。『今昔物語』を出典とする謡曲が、山肌から聴こえてきそうな、森閑とした境内を後に、西近江路へ戻る。

立聞観音

時折り家陰から顔を覗かせる線路を右手に見つつ南へ歩を進める。左から緩やかなカーブを描く先で、天下の国道一号線と合流する。

蟬丸が弾く琵琶の妙なる音色に心魅かれる者は姉のみならず、『関蟬丸神社』を過ぎ越し、京阪電鉄の線路を渡ってすぐのところに建つ『安養寺』【地図R-f】の観音さまもそのひとり。

この寺の観音菩薩は別名〈立聞観音〉。

逢坂山に隠棲した蟬丸が奏でる琵琶の調べを、木陰で立聞きしていた黒衣の僧侶。それは観音さまの化身であったと伝わっている。通りから山手を上って、小ぢんまりした山門を潜る。ご本尊の阿弥陀如来座像は行基の作と言われ、国の重文に指定されているのだそうだ。

　本堂の階段下には〈逢坂〉の謂《いわ》れを刻んだ碑が建っていて、その横に並ぶ石碑には蓮如上人の字が読める。

　ここはまた蓮如上人ゆかりの寺であり、蓮如が身を隠した石や、身代わりに彫ったという像も残されている。比叡山の僧兵に追われてここに身を隠した蓮如を思い浮かべながら街道に戻る。

　国道一号線を右手に、側道を往く。

『安養寺』門前のふたつの石碑

『旧逢坂山ずい道東口』と案内板がある。少し横道に入ってみる。明治十三年に完成した日本初の山岳トンネルのメルクマールが残されている。

　日本人だけの力で設計、施工を行ったトンネルは今も、東海道新幹線や名神高速道路にその名残りを留めている。琵琶湖疏水ばかりに目が行きがちだが、明治の大事業には逢坂山を貫くトンネル工事もあったのだ。

東から来た、東海道新幹線が京都に近づき、最初に潜る長いトンネルがそれ。

『旧逢坂山ずい道東口』

こちらのトンネルは今は使われておらず、塞《ふさ》がれた入口を前にすると、先人の偉業に自然と感謝の気持ちが湧いてくる。普段、新幹線がトンネルに入ると、降りる仕度にばかり気を取られ、そんなことに想いを馳せることなどまるでなかったが、これを観て以降、必ずこの光景が目に浮かぶようになった。

国道に戻る。と、両側から迫る山、ひっきりなしに通り過ぎる車。決して歩いて愉しい道とは言えない。山歩きの風情を求めるなら、大津からの別ルート〈小関越え〉をおすすめする。〈逢坂〉を〈大関〉として、それに対する〈小関越え〉だ。

小関越え

出発地点に近い札の辻から『三井寺《みいでら》』を経て山に入る道。『平家物語』にもこの〈小関越え〉の名は出てくるが、逢坂の蝉丸に抗するのは、なんと言っても芭蕉《ばしょう》だろう。

——山路きて　何やらゆかし　すみれ草——

小関越えは知らずとも、松尾芭蕉のこの句には、きっと聞き覚えがあるはず。芭蕉がこの句を詠んだのは、小関越えの峠に差し掛かった辺りだと言われている。さくらの頃なら間違いなくこの小関越えを選ぶ。琵琶湖疏水沿いには見事なさくら路が続くからだ。

ＪＲ「大津」駅から西北へ歩き、京阪電鉄の「三井寺」駅の横を流れる疏水に沿って歩きはじめる。『三井寺』【地図Ｒ-ｆ】の境内を抜けるか、あるいは南に回り込むようにして歩くと、ずっとさくら路を愉しめる。『三井寺』もまた近江きってのさくらの名所なのである。

小関越えの道

『三井寺』を離れてすぐ出会うのが『小関天満宮』【地図Ｒ-ｆ】。ここから藤尾の里まで一本道が続く。山間《やまあい》の道は国道一号線とは比ぶべくもないが、それでも時折り車が行き交う。

やがて峠の頂上に差し掛かると『喜一堂』【地図Ｒf】と名がついた地蔵堂がある。傍《かたわ》らに立て札があり、それによると荒れた草むらの中に放置されていた地蔵さまを祀ったとある。ひょっとすると芭蕉の頃には、この地蔵は草むらの中にあって、その横にすみれの花が咲いていたのではないだろうか。そんな侘びた風情の峠道。

ここで路は左右に分かれ、至疏水とある表示に従い、左の細い道へ入る。ここからはほとんど車の通ることのない山道がしばらく続く。

簡易舗装された道の両側は多くが藪で、ところどころ紅《あか》く染まっているのは桃かさくらか。山桜、枝垂れ桜、桃の花が突然のように姿を現すのも山路ならではの愉しみ。

二十分ほどで人里に辿り着く。

西大津バイパスを潜れば藤尾の集落。ここから先はまた琵琶湖疏水沿いのさくら路。

疏水が暗渠になってからも、さらに山科《やましな》の街を見下ろすさくら路が続くが、緩やかな右カーブの山道を辿るとやがて石の鳥居が顔を覗かせる。『諸羽《もろは》神社』【地図O】だ。

ここの境内にも見事なさくらが花をつけているはず。この社で観ておくべきはふたつの石。「琵琶石」と「岩坐」。前者は蟬丸と同じ、盲目で琵琶を弾いていた人康親王が座していた石。後者は神が降りてきた磐座《いわくら》だと思われる。京阪電鉄の最寄り駅、「四宮《しのみや》」はこの『諸羽神社』

の別名だとも言われている。

小関越えはここで終わりにしたい。後は逢坂と合流して都を目指す。

『かねよ』の鰻

逢坂越えに戻る。

頭上を名神高速道路が横切ると、左手、線路沿いに〈日本一の鰻《うなぎ》かねよ〉と看板が建っている。日本一とは大きく出たものだが、古くからこの店の鰻は逢坂越えの名物となっている。

やがて右手に『関蟬丸神社』の「上社」が見えてくる。長い石段が奥に続いている。が、鰻が気になるので、先を急ぐ。まっすぐに坂道を歩き、右に大きくカーブする手前には『弘法大師堂』【地図R‐f】がある。これを越えるとようやく逢坂山の頂きを迎えることになる。お大師さまの祠《ほこら》に手を合わせ、お腹と心はすでに鰻へ。

Y字路に行き当たる。その真ん中にまたしても〈日本一うなぎ・鯉　かねよ〉の看板が建っていて、赤い矢印が右を指している。車ならいざしらず、歩いてここを通り、素通りなどできるわけがない。迷わず右手に進む。

右の道に入ってすぐに『かねよ』【地図R-f㉛】がある。大きなレストランと、庭の中に建つ本店とがある。せっかくだから、庭を愛でながら座敷で食べる鰻を所望して本店の玄関を潜る。

まこと立派な庭園である。音羽の水を引いた池を囲むように離れ家が建つ。池のほとりにはさくらは勿論《もちろん》、かえでやさつき、つつじなどが植えられ、山里の中の庭をよく見せている。

——名にし負はば　逢坂山のさねかづら　人に知られでくるよしもがな——

三条右大臣、藤原定方《さだかた》が詠んだ百人一首の歌。ここで先の『関蟬丸神社』の境内に植えられていたサネカズラと話が繋がる。こういうところが歴史街道を歩く醍醐味である。サネカズラはまた、美男葛と呼ばれ、古くのイケメンたちはこの木の樹液で髪を洗ったのだそうだ。

そんなイケメンのひとり、定方の歌。逢えなくなった女《ひと》を想い、それを逢坂の逢うという字に重ねた、切ない歌である。サネカズラはきっと、この逢坂に多く自生していたのだろう。春夏はまっすぐ伸び、秋になると赤い実をつけて、その蔓《つる》を絡ませる。添い寝の意を含む〈さ寝〉に掛けている。

定方の屋敷があった三条から、この逢坂までは一本道。一途な想いを歌に詠んだ。そんな平安の頃を思い起こさせる庭。ではあるが、鰻を焼く芳《こう》ばしい匂いが、夢をすぐに打ち破り、お腹の虫が鳴くのも情けない。

まずは鯉さし。所謂〈洗い〉だ。臭みもなく、あっさりとした白身だが、歯応えが独特。鯛のようにはいかない。酢味噌で食べる。

『かねよ』の「きんし丼」

鯉こくにも魅かれるが、鰻とは濃密どうしで喧嘩しそう。あきらめて鰻丼。丼とは言ってもこの店のそれは黒塗りの重箱に入って出てくる。関西風の地焼きだから、皮目の芳ばしさが身上だ。並、上、特、特上、極上と五段階あるが、特の二千百五十円辺りがちょうどいい。鯉さしと合わせて三千円と少し。十パーセントのサービス料は座敷代と思えば安いもの。

さてその味が〈日本一〉かどうかは、まぁ横に置くとして、遠州産だという鰻は身も厚く、焼き加減も上々。歴史ある逢坂の峠でこれだけの鰻を食べられるのはうれしい限りだ。

逢坂の関。関所跡を示す石碑はこの店から東へすぐのところに建っている。

ところで、京都の新京極近くに同じ名の『かねよ』【地図F㉓】という鰻屋があり、ここも〈日本一〉と看板にある。逢坂も新京極も〈きんし丼〉という厚焼き玉子が鰻に被さったメニューがあり、姉妹店だろうか、と思いつつ、何も表示がないところを見ると、適切な関係にないのかもしれない。こういう時は触れないほうがいい。それが京都の流儀だ。

近江歩きはせず、この店の鰻を食べたいと望まれるなら、京阪電鉄の「大谷」駅で降りれば店はすぐ目の前にある。「京都市役所前」駅から十五分強の乗車時間だ。

ひっそり佇む名庭園

逢坂の関所跡の石碑を観て、ふたたび東海道へ戻る。

かなりの交通量である。加えて道路のみならず、京阪電鉄、名神高速道路、と並行して走るから、多くの車両が発する音が響く。左手に続く民家。さぞや騒音に悩まされているだろうなと、眺めていると、長い土塀の続く寺が見えてくる。これが『月心寺』【地図R‐f】。

元をただせば、走井の清水で名高い茶屋があったところ。広重描く東海道五十三次にも描かれている。そこに日本画家、橋本関雪が別荘を建て、やがて寺に転じたという次第。

普段、門は閉ざされているが、事前にお願いしておけば、寺内を拝観できる。予定が決まっていれば、必ず連絡しておきたい。

『月心寺』と書かれた、風雅な軒行灯《のきあんどん》を横目に、門を潜れば、湧き出る名水がまず目に入る。苔むした丸い石の井戸には〈走井〉の二文字が刻まれている。

奥に広がる名庭は、江戸時代に書かれた『築山庭造伝《つきやまていぞうでん》』という書物にも紹介されるほど歴史ある名庭園。山の斜面をうまく利用した池泉回遊式庭園。表通りの喧騒が嘘のように、落ち着いた佇まいを見せる。

石橋と石柱が印象的な庭だが、石庭は一説では相阿弥の作とも伝わり、さらには小野小町終焉《しゅうえん》の地とも言われている。そんな名残りの数々が寺内を彩る。

この『月心寺』はもうひとつの顔を持っていて、それは庵主、村瀬明道尼が手作りする精進料理。ごま豆腐から始まる精進料理は庵主さまの講話が付くというありがたさ。一時間近くにも及ぶ法話は、笑いあり、涙あり、怒りあり、という〈村瀬劇場〉。これだけでも一見の価値ありだが、十名以上ま

『月心寺』の「走井」

とまっての予約というハードルは高い。せめて広重《ひろしげ》の錦絵に出てくる走り井の茶屋菓子などを求めたいところ。しかし本家の『走り井餅』はとうの昔に八幡の地に移転したという。その流れを汲む店【地図R-f㊾】が、この先追分を越えた辺りにある。

その追分辺りまでは、無味乾燥、取り立てて見どころもないので、わずかひと駅だが、京阪電鉄に乗ってショートカットしてもいいだろう。歩いていてイヤになるような道なのだ。

無論それも厭わずと思われるなら歩いて追分を目指す。

『毘沙門堂』のさくら

山科きってのさくらの名所である。都に住まう人々は滅多に洛外へ出ることはない。洛の東西南北に見事なさくらがあると言うに、わざわざ外へ出るなど。

そんな京都人が足を運んでまで観るのが『毘沙門堂』【地図O】のさくら。

JR「山科」駅から東へ。『白蓮寺』の西側から流れに沿って北へ歩くと概ね辿り着ける。〈毘沙門天王〉と書かれた幟《のぼり》に導かれ、急な石段を上る。上には「仁王門」が待っている。

行基が創建した『安國院出雲寺』がこの寺の前身と伝わる。つまりは藤原京の頃に始まった、長い歴史を持つ寺。その名の通り、かつては賀茂川沿いの出雲路にあった。川に架かる出雲路橋の傍《そば》である。

京都通ならピンと来るだろう。応仁の乱勃発地『上御霊神社』のすぐ近くである。戦乱に巻き込まれただろうことは、容易に想像がつく。荒廃と復興を繰り返しながら、やがて江戸期に入り、寛文五年、ここ山科の地で見事に甦るのだ。

ここより西、『天智天皇陵』、すなわち『御廟《ごびょう》野《の》古墳』【地図O】があるせいか、ここは皇子や貴族が相次いで出家する門跡寺院としての色を濃くしていき、かつては広大な敷地を誇った。

今も十万坪近い敷地を有する『毘沙門堂』。本尊の〈毘沙門天〉は、最澄が『延暦寺根本中堂』の薬師如来を彫った余材で作ったものと言われている。当然ながら秘仏。三寸にも満たない小さなものだという。

さて『毘沙門堂』のさくら。寝殿の前にある、樹齢百五十年と言われる枝垂れ桜。何といってもこのさくら、横に広がる枝振りが見事。左右三十メートルはあるのだろうか。〈般若桜〉の別名を持つが、僕は〈パノラマ桜〉と呼んでいる。正面からこのさくらを見て、目を左右に動かさないと全容をつかめない。

『毘沙門堂』の北には『後山科陵《のちのやましなのみささぎ》』【地図O】があり、そこには醍醐天皇が眠っている。

山科は山階と書くこともある。山から段々に階段状に発展してきた街だからだろうが、山の階、と言って、古墳を思い起こすことも、至極自然なこと。京都と近江を結ぶ山間に、この街があるのは、当然の成り行きでもある。

『毘沙門堂』からは山伝いに大文字山まで辿ることができる。かつて逆ルートを辿ったことがあるが、春から秋にかけてなら歩いて愉しい山道だ。

『毘沙門堂』の枝垂れ桜

ここから都へ通じる路は数多くある。どこをどう通ったとしても、きっと都へ繋がる。第二章の京都歩きと繋げるなら国道一号線に戻り、そのまま西へ西へとひたすら歩けばいい。

三条通。御陵を経て峠を越えれば蹴上に続く。そこから先は東のさくら路。

近江。その名は僕の胸を騒がせ続けている。汲めども汲めども尽きぬ泉のように、次から次へと魅《み》せてくれる。いずれひとつに纏《まと》めたいと願うが、はて、京都ほどに売れる見込みを持たぬ地に、心を動かす版元があればうれしいのだが。

第五章　京都さくら寸描

春の京都といって、多くのお目当ては、さくらの花だろう。春と言えばさくら。凡庸に過ぎると、躊躇《ためら》いがなくもなかったが、どの道、さくらを目指されるのなら、とっておきの美しきさくらをご覧いただきたい。誰もが知る名所、ひっそりと佇む隠れさくら。そしてさくらにまつわる都のあれこれ。

近江の章でも、京歩きの章でもさくら路を書いたが、ここでは洛中のあちこちで見掛けるさくらを少しずつ描いてみたい。

路の繋がりなど考えず、思いついたままに書くので、パッチワークのようにあれこれ繋ぎ合わせて、京のさくら巡りにお役立ていただければ幸いだ。

平成二十三年。京都のさくらの開花予想が発表され、それによると、開花が三月二十八日。満開が四月四日となっている。この手の予測は、まず大きく外れることはない。咲きはじめを観たいならお彼岸が過ぎて、三月の二十五日頃。散り初めがお好きな方なら四月の八日辺り、灌仏会《かんぶつえ》を過ぎた頃からがいいだろう。『仁和寺』辺りの遅咲きを狙うなら、四月の半ばということになるだろうか。

一．あけぼののさくら

夜明け前には『円山公園』の枝垂れ桜

京都を代表するさくらである。満開ともなると、誰もがこの木を見上げ、感嘆の声を上げる。見事なさくらだが、人の背中越しというのが悔しい。せっかく撮った写真に、他人の携帯電話が写り込んでいては興ざめもいいところ。

時間をずらすのがこのさくらを観る最大のポイント。早暁がいい。さくらの季節。京都の日の出は概ね六時前辺り。少しく早起きして、『円山公園』【地図F】を目指す。

きっと夜更けまで続いただろう、夜桜の宴の跡が残る。薄暗い中、まだ枝垂れ桜は目覚めていない。少しずつ明るさが射し、ようやく、といった風に目を覚ます。さくらが最も美しく輝くのは、この瞬間《とき》である。

夜が明けるか明けないか、その間《あわい》に観るさくらが最も美しい。僕にそのことを教えてくださったのは、日本画家の上村淳之《うえむらあつし》氏。さくらの観方、描き方を教わりに奈良のご自宅兼アトリエに伺ったときのことだ。氏は早暁のさくらのために、わざわざ夜に京都へ入り、夜明けを迎える前にスケッチに出掛けるのだそうだ。

「朝からずっと花見客が絶えませんやろ？　夕方のさくらなんか、可哀そうにぐったりしとる。夜遅ぅまでライトを照らされて、さくらも疲れ切ってるわけや。それがやっぱり人間と同じ。ひと晩ぐっすり寝たら疲れも取れる。お陽さんが当たりだしたら、さぁ、今日も気張って咲かな、とさくらも張り切るわけです。そこが一番美しいのは当然ですやろ」

　多くの花鳥に囲まれて、氏はそう語った。

『円山公園』の枝垂れ桜

　改めて、夜明けの枝垂れ桜を観てみよう。朝風にゆらりと揺れる花には、薄っすらと露がつき、朝陽を受けてきらりと輝いている。
　このさくらは二代目にあたり、年齢は八十三歳になるという。初代は樹齢二百二十年で惜しくも枯死した。が、その前に種子を採取し育てられていたのが今の枝垂れ桜。昭和三年生まれということになる。

嵐の夜にこの樹を命懸けで守った桜守、佐野藤右衛門の逸話はあまりにも有名だ。

妖艶な花を観た後に心を鎮めるには、散策し、茶店でいっぷく、というのがいい。洋館建築が見事な『長楽館』のカフェ【地図F㉑】なら、極上の時間が過ごせる。朝十時にはオープンするが、それまで待てない向きは、下河原通りに出て『下河原阿月《あづき》』【地図J㊲】へ。朝九時には店を開けているはずだ。筋金入りの甘党なら「亀山」、「白玉あんみつ」など、濃密な甘味を。それよりお茶を、という向きには、焼き立ての「三笠」と一緒にお抹茶を。六百五十円という控えめな価格もうれしい。お気に召したなら土産に。

『長楽館カフェ』

『下河原阿月』の「三笠」と「抹茶」

そして『円山公園』のさくらを見た後に、恰好の土産菓子をひとつおすすめしよう。

『平野家本家』の「いもぼうる」

きっとまだ誰も知らない、とっておきの菓子である。冬に食べたい味として前著でご紹介した「いもぼう」。棒たらと海老芋を煮込んで合わせた料理は、冬だけと言わず、春でも夏でも食べたくなる、京都ならではのやさしい味わいだが、この店『平野家本家』【地図F⑳】の、かつての名物が近年復活したと聞いて、これを逃す手はない。

京都の街には古くから〈蕎麦ぼうろ〉あるいは〈蕎麦ぼうる〉と呼ばれる菓子があり、長く愛され続けている。この「いもぼうる」は言うならば、そのイモバージョン。

〈ぼうろ〉〈ぼうる〉は、ポルトガル語で「ｂｏｌｏ」、焼菓子を意味する。離乳食としても知られる〈衛生ボーロ〉や、沖縄の〈花ぼうろ〉など、同じ語源から派生した菓子は少なくない。カステラもコンペイトウも、〈カスティーリヤ〉、〈コンフェイト〉を語源としていて、総じて南蛮菓子は今の日本のスイーツの原型である。

まずはパッケージからして美しい。紙箱のデザインは春の円山公園。『平野家本家』の後には東山のおぼろげな姿。まさに満月が上ったばかり。枝垂れ桜がちりばめられる。空はターコイズブルー。しかしその横には『知恩院』だろうか、山門には残雪が積もっている。

なんとも美しいデザインである。で、誰が描いたのかと、箱を横に向けると〈晁勢《ちょうせい》〉の

『平野家本家』の「いもぼうる」

落款が。さすがの筆致は、日本画の大家、三輪晁勢の手になるものだった。

古きよき昭和のイメージは、菓子を食べると一層趣を増す。さくら、雪、そして三日月。ひと口大のサイズがうれしい。

ぽいと口に放り込み、からりと噛むと、やがてほろほろと崩れ、ほのかな甘みが舌に沁みる。山芋の香りだろうか。滋味深い味わいは、どこか懐かしさを呼ぶ。

これぞ京都の菓子である。けばけばしいまでの過ぎたるデザインと甘みを押し付ける、今どきのスイーツとは品格が異なる。過ぎることのない菓子の意匠とパッケージ。ほどほどの甘みと、優しい歯ざわり、何よりその、しみじみとした味わい。

京土産の売り場には、和洋織り交ぜて、さまざまに趣向を凝らし、これでもか、これでもかと、〈京〉を飾りたてた菓子が所狭しと並ぶ。決して安価とは言えないそれらの菓子に、本当の京都を感じ取ることは難しい。それは平成という時代になってから、我が私が、京都だ、京都だと主張しはじめたからに他ならない。あたかも〈京〉という人工的な香りをつけた芳香剤のようなものである。たとえば柚子《ゆず》の香りの芳香剤といって、本物の柚子の香りには程遠い、柚子もどきの匂いしかしないのと同じ。柚子を香らそうとして、それが過剰になれば、時として悪臭にも感じてしまう。

こと和菓子に限らず、今の京都の味は、すべてが過ぎている。きっと昭和の頃より洗練されて、上質なものになっているはずなのに、食べて心がざらつくのはなぜだろうか。

思い当たるのは人々の心根だ。少なくとも僕が子どもの頃までの京都では、これほどに京都の店どうしが競い合わなかったと記憶する。それぞれが分をわきまえ、領分を守って商いを続けていた。控えめな物言い、飾り立てずに自ずと〈京〉を香らせる、そんな店がほとんどだった。

『平野屋本家』

心根に都人ならではのやさしさがあった。

そんな都人の心根そのままを菓子にしたような「いもぼうる」は、昭和中頃に作られていた菓子の復刻品だそうだ。そう聞けばうなずける。

手作りゆえ量産は難しいとも聞く。叶うことなら、騒ぎ立てられることなく、本物を理解できる方だけの舌を、心を潤してほしいと切に願う。

料理屋なので開店は十一時。夜明けのさくらを見た後は、東山界隈を散策して、再び『円山公園』に戻ればいい。春先の「いもぼう」もまた味わい深い。昼餉の後、「いもぼうる」を買い求める。長閑《のどか》な春の昼下がりになる。

二．昼下がりのさくら

真昼のさくらは『京都御苑』

和であれ、洋であれ、京都の店は概ね昼がお値打ち。お目当ての店で昼餉を済ませ、さて食後の散歩を兼ねて、さくらでも。となれば迷うことはない。『京都御苑』【地図G】へ向かう。三月の半ば過ぎから四月の半ばまで。場所を変え、さくらを変えて、その花の美しさを競う。

口火を切るのは大抵「近衛邸跡」の枝垂れ桜。場所はと言えば、今出川通の烏丸通と寺町通のちょうど真ん中あたり、「今出川御門」を入って西へしばらく歩いた辺り。カメラの三脚が並び立っているのですぐに分かる。

「糸桜」

春の霞のような淡い花が広がる。竹垣に囲われ、緩やかなカーブを描きながら土に向かって枝を伸ばす様は、どこか初夏の柳に似ている。もしくは、夏の夜に大輪を広げる打ち上げ花火の消える間際の姿。濃い紅色もあれば、限りなく白に近い薄桃色の花もある。

枝垂れ桜ではあるのだが、このさくらに限っては〈糸桜〉と呼ぶ。それはかつて五摂家のひとつに数えられ、公家中の公家であった近衛家の屋敷に植わっていた〈糸桜〉に因んでのこと。

室町期には〈桜の御所〉とも称された、近衛家の庭。場所は少しく違っても、空気はそのまま残されている。七百年を超える時を経てもなお、都の華やぎ、哀しみの裏表を背負った公家を敬う気持ちはいささかも揺らぐことはない。それが都人の矜持というものである。

〈糸桜〉に続くは〈エドヒガン〉だろうか。「石薬師御門」近くで花を広げる。

ソメイヨシノに似ていなくもないが、その花の密度が濃い。加えて萼筒《がくとう》の元が、ぷっくら

「エドヒガン」

と膨らんでいるのが大きな特徴。

『京都御苑』のさくら。僕が一番の見どころと思っているのは〈桜松〉。樹から樹へ。命を繋ぐ宿り木である。十五年ほども前の春。樹齢百年にも及ぶだろうクロマツが強風で倒れ、しかしそのてっぺんからさくらが花を開いていたという。

さくらは多分四十年ほどの樹齢といわれるが、横たわった倒木の幹から伸びた枝に、毎年可憐な花を咲かせる。松の樹をまるで水盤のようにして空に向かって枝を伸ばすさくら。日本人の心情に、これほど寄り添う花も他にはない。万難を排しても毎年、〈桜松〉だけは欠かさずその花をたしかめに行く。

「大宮御所」を左に見て南に下がる。広い砂利道より、芝生の隙間《すきま》を縫うように走る細道を行く。右側はずっと、さくら路だ。緑の中に点在する桃色の花。さらに西に歩くと幾筋も細道がくねっている。「枇杷《びわ》殿」の跡があり、「白雲神社」がある。御所は広い。さらに南へ。

北が近衛家なら、南は紀貫之。その屋敷は〈桜町〉と呼ばれた。多くが山桜だ。花をつける時期は概ね四月のはじめ頃。

——さくら花　散りぬる風の名残りには　水なき空に　波ぞ立ちける——

紀貫之の歌。おとなの歌である。

普通に解釈すれば、風がさくらを散らせてしまい、その後の空には花びらの筋が、波のように残った、という意だろう。が、おとなの歌と解釈すれば、さくらは恋しい人の喩《たとえ》。恋しい人の残り香を肌にまとい、名残りを惜しみながら、

「車還桜」

われを慰めれば、渇いた心や身が潤ってしまった。

おとなのおんなの艶《つや》っぽい歌は、春の霞に消え入る。

この後の遅咲きは「出水の小川」のサトザクラと、「菊亭家跡」の車還《くるまかえし》桜。

前者には風雅な名前がついた花が多くあり、〈一葉〉、〈妹背《いもせ》〉、〈普賢象《ふげんぞう》〉〈関山〉〈市原虎の尾〉など。立て札を辿ってたしかめるのも愉しい。

後者もサトザクラの一種だが、後水尾天皇が、その花のあまりの美しさに、御車を還されたことからその名がついた。

掉尾《ちようび》を飾るのはきっとカスミサクラ。咲くのは「迎賓館」の西北辺り。四月も半ばを過ぎて、ゴールデンウィークが近づいた頃である。

『京都御苑』。かつての帝の住まいでありながら、今は都人、憩いの場である。

天皇家とは、平安の頃から、畏敬の念と、親しみの心を等距離に保ってきた都人。互いを結ぶのは春のさくら花。三月半ばから、四月も終わりを告げる頃まで、どこかしらで律義にさくら花をつける。

御所のそばの和菓子

花より団子。和菓子の名店がすぐ近くにある。

堺町御門を出て、丸太町通を南に渡る。そのまま堺町通を南へ下る。やがて右側のビル一階に〈松屋山代〉と書かれた暖簾が見える。ここが『松屋常盤』【地図G㉗】。銘菓「味噌松風」で広く知られる店だが、季節の上生菓子も扱う。わけて「きんとん」は味わい、口当たりとも他に類を見ないほどに秀でた菓子。この「きんとん」、〈カメラマン泣かせ〉の異名を持つ。そのわけは、あまりに儚《はかな》く、すぐにほろほろと崩れるので、写真を撮るときに、少しばかり向きを変えたくても、触れることすらできない。まるで精密機器を扱うかのようにして、慎重に撮影しなければならないのだ。

それほどにふんわりしているのだから、すこぶる口当たりがよく、はらはらと口の中でほどける。

必ず事前に予約を。京都のこの手の和菓子司は、いきなり訪ねて行って買えるものではない。店の中を見回して、ショーケースもなく、目につくのは菓子型や箱ばかり。こういう店は〈座売り〉と呼ばれ、商品を並べず、注文に応じて暖簾の奥から商品を出してくる。

『花もも』の薫り

土産を買い求めて、小腹が空《す》いた、となれば、これまた恰好の店がある。

新しく店を開いた蕎麦屋だ。店の名を『花もも』【地図G㉖】という。丸太町通に面していて、麩屋町通と富小路通の間。二階の席からは『京都御苑』を見下ろすことができるというロケーションのよさも売りだ。

何より、ほどのいい蕎麦がいい。この店の名を教わったのは、贔屓《ひいき》にしている『割烹はらだ』。ゆえに、疑うことなく店の暖簾を潜った。

今どきの蕎麦屋。ふたたび訪ねようと思うかどうか。僕が見極めるのは、せいろ蕎麦の量目。

蕎麦屋が品書きに一人前として載せるからには、それで一食、事足りるべきである。せいろ一枚食べ終えて、お腹の虫が鳴くようでは一人前とは言えない。そんな蕎麦屋が多過ぎる。さんざん待たされた挙句に、箸を三度ほども動かせば、ざるの網目が見えるような店に、再び足を運ぶことなどない。

七百五十円という価格に見合った量と味わいの「ざるそば」。甘皮の入った「田舎そば」も同じ値段。蕎麦好きが選ぶのはきっと「田舎そば」。数量限定ゆえ昼は早めに。

昼のセットメニューは、プラス二百円で変りご飯と一品が付く。温かいタネものなら「鴨なんばん」がおすすめ。無論昼下がりに小腹が空いて、ならば「ざるそば」が一番。

京都御苑に向かう窓際のカウンター席はつい長居をしてしまう。食後の甘味に「そば茶アイス」もいい。店の名も

『花もも』の「鴨ざる田舎そば」

ちょうど、さくらの頃にはぴったりだ。うめ、もも、さくら。蕎麦が桃色に薫る。

三．薄闇のさくら

祇園白川の宵さくら

人波を覚悟のさくら。それが祇園白川の宵さくら。名所中の名所、祇園新橋の「巽橋《たつみ》」近くに咲くさくらは、やはり陽が落ちてから眺めたい。当然のように半端な人出ではない。ではあるが、四十三本のさくらが花をつけ、さらさらと流れる白川に花びらが散るさまは、夜にこそ艶めく。

祇園白川のさくら

「巽橋」を渡り、『辰己大明神』【地図F】へ。新橋通を西へ、縄手通に出たら、白川の石畳を踏みしめながら「巽橋」に戻る。ゆっくりひと廻《めぐ》りしても小半時もあれば事足りる。祇園界隈で夕餉を愉しむなら、そのあとさきには欠かせないさくら路。

ソメイヨシノだけではない。枝垂れ桜、山桜も咲き競う。と、そこに舞妓でも行き交えば、これほどの風情は他にない。願わくばカメラ小僧や、オタクオヤジが姿を見せないことを望むばかり。繰り返し書いてきたが、芸妓、舞妓にカメラを向ける際のマナーには充分気をつけたい。必ず断ってから。行く手を遮ったり、立ち止まり要求は厳禁。何しろ彼女たちは仕事の途上なのだから。

さくらの盛りには午後六時から十時までライトアップされる。そのあとさきがおすすめ。叶うなら多くが去った後。上村氏流に言うなら、疲れ切って、今まさに眠りに就こうとする直前。枝垂れ桜に、いとおしさを感じる瞬間。

――かにかくに　祇園はこひし寝るときも　枕の下を水のながるる――

祇園をこよなく愛した吉井勇《いさむ》の歌。すぐ近くに歌碑があるほどに知られた歌。祇園白川といって必ずこの歌が引き合いにだされるが、

――雨降りて　祇園の土をむらさきに　染むるも春の名残りなるかな――

も素敵な歌だ。僕はむしろ、こっちの歌に魅かれる。

さくらの頃はもちろんだが、さくらが終わった後、春の名残りをたしかめに、「巽橋」から小さな流れを見下ろすのも悪くない。

ところで、祇園のさくらを詠《うた》ったのは無論、吉井勇だけではない。むしろ有名なのは与謝野晶子のほうかもしれない。

——清水へ　祇園をよぎる桜月夜　こよひ逢ふ人みな美しき——

この歌は、その解釈を巡って、歌人たちの間で物議を醸したようだ。祇園と清水の位置関係、どこで詠んだのか。晶子はどこからどこへ行こうとしてさくら月夜を観たのか。鉄幹に逢いに行くのか、鉄幹と一緒に歩いていたのか。本人に訊かねば分かるまい。

歌は、その曖昧さがいいのだと、門外漢の僕などは思う。要は、さくらの咲く夜の月明かりに照らされた人々の顔は美しく見えた、のだろう。祇園は広い。『円山公園』かもしれないし、この白川かもしれない。『八坂神社』の門前だってあり得る。

夜桜に月。日本人なら誰もが感慨に耽る場面だろう。恋しい人に逢いに行くのでも、恋しい人と歩いているのでも、いずれにしても胸のときめきは抑えようがないではないか。
そんな風情を引き連れて、暖簾を潜りたくなれば、流れを左手に、白川を縄手通に向かって歩く。やがて角に小さな店が見える。
『しぐれ茶屋侘助』【地図F⑲】。カウンターの上にずらりとおかずが並ぶ、所謂〈おばんざい〉居酒屋だ。

『しぐれ茶屋侘助』

すべてに過ぎないのがいい店。
『麩嘉《ふうか》』の生麩を使った田楽、近江名産赤こんにゃくの炊いたものなど、素朴で味わい深いおかずを食べながら、ぬる燗を差しつ差されつ。
にしん茄子《なす》もちょっとつまんでみようか。肉じゃがも旨そうだ。そんな緩い空気は春の宵にぴたりと合う。

鴨川の夜更けさくら

店を出て、西へ歩く。「大和橋《やまとばし》」、小さな石橋を横目に、縄手通りを渡ってもまださくら路は続く。ほどなく川端通に出る。広い通りの向こうは鴨川。さくらが咲いている。が、横断歩道がないので、鴨の河原に出るには、三条か四条まで行かねばならない。宿の方角によって決めればいい。夜更けての鴨川の夜桜は一見の価値ありだ。

鴨川の三条から七条辺りの東岸は〈花の回廊〉と名づけられていて、春ともなれば、さまざまなさくらが咲き競う。わけても三条から四条の間の河岸歩道には枝垂れ桜が多く植えられていて、匂い立つさくらの花びらが鼻先をくすぐるほど。

四条大橋近くの枝垂れ桜

元々はこの河岸、京阪電鉄の線路があり、がたごとと路面電車が走っていたのである。大阪の大学に通った六年間、ほぼ毎日のようにこの路線沿いの景色を眺め続けてきた。秋には紅葉、冬には雪を纏った鴨の河原。季節の移ろいをこの川辺を通る電車が教えてくれた。中でも春のさくらは圧巻だった。

ほとんどがソメイヨシノだったと記憶する。まさにさくらのトンネルだ。電車が通る度に枝が揺れ、花びらが舞う。実に贅沢な通学時間だった。

電車が地下に埋もれることに何ほども痛痒《つうよう》は感じなかったが、この堤防のさくらを伐られることには少なからぬ抵抗を試みた。京阪電鉄に抗議の手紙を出し、それを認めた役所にも出向いた。

爾来《じらい》二十数年の月日が流れ、ようやく往時の姿を取り戻しつつある。もしくはそれを超えたといってもいいだろう。ソメイヨシノだけが咲く単調な眺めから、枝垂れ桜、八重桜が時の差をつけて咲き誇る路になったのだから。

血気盛んな若者の心を鎮めるように、

「二十年、いや、三十年待ってください。必ずさくらは戻ってきますさかいに」

そう言って真摯《しんし》に対応してくれた「三条」駅の助役さん。その言葉通りになった。

どちらかといえば、この〈花の回廊〉のさくらは総じて遅咲きである。四月に入ってからが見頃となる。わけても五条通近くに咲く八重のさくらなどは、四月も半ばを過ぎてからが見頃を迎えるのが通例。と、ここで悩ましきは〈床仕度〉である。

鴨川の夏の風物詩、川床の店は近年、五月から床を開く。そのための準備がちょうどこの頃から始まる。

写真に収めようとすると、必ずといっていいほど、床の準備をするクレーンや、仮の足場が入り込む。興醒《きようざ》めではあるのだが、これもまたやむを得ないこと。鴨川に咲くさくらを写真に残したい向きは十五日頃までに花見を済ませておきたい。

夕暮れ近くなら、鴨川から賀茂川へ

三条、四条界隈のさくらはどことなくにぎやかで華やかな風情が漂う。それはきっと、宮川町から少し東に行って祇園、戻って先斗町と花街が川に沿って並んでいるからだろう。「四条大橋」の畔を舞妓さんが歩き、そこにさくらの花びらでも散れば、なんとも艶やかな絵になる。

それはそれでいいのだが、京都の素顔を求めるなら川を遡り、二条、丸太町を越えて、今出川へ。鴨川から賀茂川へと辿らねばならない。

河原の表情が一変するのは「丸太町橋」辺りから。河原を散歩する地元民が行き交い、犬同士も仲良しだったりする。そんな河原にはしかし、そこかしこにさくらの花が咲き競い、都人は歩きながらの花見に興じる。

「今年の枝垂れは色が濃いなぁ」

「ほんまどすな。えらいようけ花もついてます。冬が寒《さぶ》かったさかいどすやろ」

年輩の夫婦が枝垂れ桜の下で立ち止まる。その足元で白い子犬がじゃれついている。さくらの頃、丸太町橋の南の畔、西側の河原でよく見かける光景だ。

夕暮れが迫る頃には、西陽が東山を照らしはじめる。遠山桜が薄く朱色に染まっていく様を、鴨川越しに眺める。

高野川沿いの桜並木

さらに北へと川岸を遡る。

丸太町から今出川までの鴨川は、河原が広々としていて気持ちがいい。西岸からは東山が望め、東岸を歩けば自然、北山に目が向く。三方を山に囲まれた京都盆地では、どこにいても山を見上げることができる。近く東山ならさくら色が間近に望めるが、北山、西山とて、目を凝らせば遠山桜が心に映る。

賀茂大橋まで歩く。ここから北、右手東側に遡ると高野川、左手西側は賀茂川となる。どちらもソメイヨシノがずらりと並ぶ。

本当に京都はさくらに満ちた街だと改めて実感するのは、この賀茂大橋からの眺めだ。北を向いて左右の川辺、南を振り向いて、真っ直《ます》ぐに延びる鴨川から、蹴上の『ウェスティン都ホテル京都』辺りまで、ずっとさくらの花が続いていて途切れることがない。

さて次はどこのさくらを観ようか。そんな品定めをするにも恰好の場所である。

四．うめとさくら

『梅宮大社』――うめとさくら

さくらとうめ。しばしば比較される花である。

今でこそ、春の花と言えば多くがさくらを思い浮かべるが、古の日本で花と言えばうめを指した。たとえば歌。『万葉集』ではさくらを詠んだ歌よりも、うめを詠ったもののほうがはるかに多い。平安の都人から永く、春の花と言って誰もがうめを思った。

うめの話を書こうとして、冬の書で少しくそれを躊躇《ためら》った。やはりうめは春だろう、と。が、春の書を書きはじめれば、さくら一色となってしまい、うめの出番がなくなってしまった。ゆえにさくらの章でうめを少しばかり書くことにした。

京都でうめと言えば、真っ先に『北野天満宮』の名が挙がる。が、都の歴史を振り返れば、洛西梅津にある『梅宮大社』【地図P】がその上に立つ。

嵐山、嵯峨野、そして桂。洛西の名勝トライアングルの中ほどにあるのが梅津。阪急電鉄嵐山線「松尾」駅が最寄りの駅。駅のすぐ西にある『松尾大社』と同じく、酒の神さまとして知られるのが『梅宮大社』。正直に言えば、この社の存在をすっかり忘れ去っていた。それを思い出したのは、京都のはるか東、富士山を間近に望む河口湖畔でのことだった。

ＢＳフジの番組「絶景温泉」で取材に訪れたのが『湖山亭うぶや』という宿。この宿の名の〈うぶや〉が産屋ヶ崎に由来すると聞き、それ故この宿の中にはコノハナサクヤヒメを祀った社があった。

コノハナサクヤヒメを祀った神社として、京都人はすぐに『梅宮大社』を思い浮かべる。河口湖畔で聞いた話も、『梅宮大社』に伝わる伝説とまったく同じだった。

オオヤマズミノカミの娘、コノハナサクヤヒメは請われてニニギノミコトに嫁ぐことになる。契りを結んですぐコノハナサクヤヒメは身籠る。訝しんだのはニニギノミコト。たった一夜の契りで子が授かるわけがない。そう思って、我が子かどうか疑わしいと言い出した。

身の潔白を疑われたコノハナサクヤヒメは、小屋を建ててそこに籠って火をつけた。もしも他の人の子なら産まれることはないに違いない。しかし無事に産まれたならきっとニニギノミコトの子どもである、そう言い切ったのだ。はたして火を放った小屋の中でコノハナサクヤヒメは無事に三人の子どもを産んだ。そんな話。

河口湖畔の宿、『うぶや』は地名にもなっている産屋ヶ崎から来ている。つまりコノハナサクヤヒメは、この富士山の麓《ふもと》で出産したと伝わっているのだ。

『梅宮大社』の「またげ石」

それはさておき『梅宮大社』。本殿四座の祭神は、オオヤマズミノカミ、娘のコノハナサクヤヒメ、その夫のニニギノミコト、そしてふたりの子どもであるヒコホホデミノミコトの四座。言うならばオオヤマズミノカミのファミリーである。ゆえに酒造りの神として知られる社はまた、家庭円満、安産のご利益をも備えている。わけても子授けには絶大なる力があると言われるのはコノハナサクヤヒメの出産秘話だけではなく、〈梅〉が〈産め〉に通じるからという説もある。古来、梅には不思議な霊力が備わっているというから、あながち言葉遊びだけのこととは言い切れない。

当社にはそれをさらに補うかのように、「またげ石」なるものがあって、これをまたぐと子宝に恵まれるとか、安らかにお産ができるなどと伝わっている。

この社には広い「神苑」があって、そこにはうめばかりでなく、春にはさくらも花を咲かせる。東と北の「神苑」。二十を超える種類のさくらが、およそ百三十本植えられているというから、相当な数である。これほどまとまれば桜の園と言ってもいいほどだ。『梅宮大社』とさくら。意外な取り合わせに見えるが、実はさくらの名所でもある。

『梅宮大社』「神苑」

『仁和寺』と同じく遅咲きの〈有明〉。『千本ゑんま堂』にあった〈普賢象〉や、他に〈黄桜〉、薄紅色の花弁をたくさんつける〈松月〉などもある。
うめとさくら。いずれ優劣つけ難く、それぞれに美しい。気品あふれるうめの香り、艶やかな色を魅せるさくら。同じ社で愉しめるのは、京都でも数少ないはず。洛西まで足を延ばしても決して損はない。

五．さくらの意匠――和菓子と小物

さくらの菓子

和菓子の宝庫ともいえる京都には、さくらの菓子が多く存在する。たとえば『亀廣永《かめひろなが》』の「山さくら」。薄紅、白、黄緑の三色を重ねて、ふわりと押さえた菓子は口どけもよく、見た目にも美しい。同じ店の薯蕷饅頭《じようよまんじゆう》には「散り桜」と名前がつけられ、散り初めを表した焼き印が押されている。

白とピンクのさくらを裏表に合わせた『末富』の「桜あわせ」。紅色の細長い餅に花びらの焼き印を押した「花筏」は粽《ちまき》菓子で知られる『川端道喜《かわばたどうき》』のもの。数えればきりがない。気軽な餅菓子と、さくらを象《かたど》った菓子の店、代表的な二軒をご紹介。これはほんの一例であって、京都の街には他にも求めるべき春の和菓子は数多くある。

『米満軒』のさくら餅

さくらの意匠。菓子で言えばまずは、さくら餅だろう。餅菓子ゆえ、上生菓子には入らず、茶席で用いられることはまずないだろうが、都人の間では、さくら餅が必ず口の端《は》に上る。いわく、あの店のさくら餅は、この店のさくら餅が、と、それぞれが自らの贔屓を披瀝《ひれき》する。様々に店それぞれの意匠を象ったさくら餅があるのだが、ただひとつおすすめをと請われれば、僕は嵐山の店を推す。

渡月橋の北から東へ。『清涼寺』近くに店を構える『米満軒《よねまんけん》』【地図P㊷】がそれ。

まずは見た目が普通のさくら餅と違う。桃色ではなく白いのである。これはこの店がある料亭から依頼され、通年食べられる物をと目指したからとのこと。見た目からして品がいい。ごく小粒の道明寺粉で包まれた餡は、ほんのりと甘く、桜葉の香りが際立つ。ここにもまたこの店のこだわりがあって、普通は養殖された桜葉を使うのを、この店は伊豆大島に自生する大島桜の葉を使う。

葉っぱで包まれた菓子。柏餅はその葉を外すが、さくら餅は葉っぱごと食べる。それ故名だたる菓子屋は、当然ながらその桜葉にも気遣いを見せ、わざわざ葉を取るためにさくらの木を育てている店もある。

馥郁《ふくいく》たる、という言葉を使いたくなるほどに、馨《かぐわ》しい桜葉の香りに包まれたさくら餅が不味《まず》いはずがない。

嵐山「渡月橋」界隈は、さくら餅の名舗が鎬《しのぎ》を削る激戦地。あちこちの店で買い求めて、食べ比べるのも一興。

『紫野源水』の春の菓子

京都の和菓子。それは季節の移ろいを表すためにあるもの、と言ってもいい。それほどに、姿かたち、色合いを微妙に変化させることで、くっきりと季節を象る。

干菓子は、小さな菓子の中に写実的に季節を封じ込める。精緻な細工は熟練の職人ならでは。あでやかな春色を纏い、たおやかな姿で春らんまんを謳う。

一方で生菓子は、絵画で言えば印象派。イメージを形にする。そして何より大事なのは菓銘だ。まるでその花の様子が目に浮かぶような、そんな名前が菓子につけられる。

住まいの近くということもあって、僕の贔屓は『紫《むらさき》野《の》源水《げんすい》』【地図C⑥】。北大路通から新町通を下ってすぐのところに暖簾が上っている。

さくらの頃。この店で僕が買い求めたのは「うら桜」と「ひとひら」。なんて素敵な菓銘だろうか。「うら桜」はその言葉通り、さくらの花を裏側から見た姿を表している。さくらの花を下から見上げたときのイメージ。

「ひとひら」もしかり。まるで一枚の花びらが風に乗って川面に落ちる寸前のような、そんな姿の菓子。白と薄紅色のグラデーションも見事なら、流れ星のように、すーっと引いていく尾が美しい。洋のスイーツにはない、日本独特の侘びが菓子に表れる。

この店にはもうひとつ。優れた意匠のさくら菓子がある。

伏見の近くに墨染桜がある。散り際に墨色に変わるという珍しいさくら。これを模した菓子が「桜木」。茶色に染まる押し菓子。大徳寺納豆の味噌味が蕾を、シナモンの香りが枝を表す。

——深草の　野辺の桜木心あらば　またこの里にすみぞめに咲け——

菓銘はきっとこの西行の歌からつけたのだろう。愉しきかな、麗しきかな京の和菓子。

『紫野源水』の「うら桜」

『ギャラリー遊形』の「サシェ」

『ギャラリー遊形』の桜色「サシェ」

京都を代表する名旅館『俵屋』は、京都を旅する者すべての憧れ。けっして敷居は高くないのだが、そのあまりの人気ぶりに予約はなかなか叶わない。ならばせめて、その空気を感じ取れる『俵屋』グッズをスーヴェニールにしたいもの。とは何度も書いてきたので食傷気味の方も居《お》られることだろうが、今一度書いておきたいのは春ならではの『俵屋』グッズ。

優れたデザイン、豊富なアイテム。目移り必至の店内でひときわ目を惹くのが桜色の「サシェ」。バッグに忍ばせれば春が香る。他にも『ギャラリー遊形』【地図G㉙】にはさくらの頃にふさわしい小物がたくさんある。きっと色が淡いからだろうと思うが、どれひとつとっても、春の京都に来たなら必ず買い求めたくなるだろう袋物や、カバーケースなどである。

『紙司柿本』の「京紅」

寺町通二条上る。この界隈はいわゆる文房《ぶんぼう》四宝《しほう》のメッカである。墨、筆、紙などなど。それぞれの専門店が点在し、骨董商も加わって、数寄者には堪えられない街角である。

中で春におすすめしたいのは和紙の店、『紙司《かみじ》柿本《かきもと》』【地図G㉚】。

和紙の店だから、当然各種の和紙を揃えていて、ポチ袋、ワープロ用紙、ハガキ、便箋、包み紙などなど。和紙を使ったものなら何でも揃う。たとえばさくら色の和紙を買って、それをスーヴェニールにするというのも愉しいものだ。が、近年人気を呼んでいるものがこの店にあって、それは舞妓さんが愛用していそうな「京紅」のセット。

言うなれば和風の口紅。京都ならではの上品な色遣いの京紅と筆がセットになっていて、西陣織の巾着《きんちゃく》袋《ぶくろ》に入っている。巾着を締めるトンボ玉も愛らしく、春には恰好の京土産になるのでは。

『紙司柿本』

第六章　春泊まりの宿

一・京都駅泊まりのホテル

『京都新阪急ホテル』

平成二十三年。僕はこの『京都新阪急ホテル』【地図L】で元旦を迎えた。

近年、新年をホテルで迎えるようになったのは、好んでというより、やむを得ず、という空気が強い。年末ぎりぎりまでホテルに籠って原稿を書き、その続きに新たな年を迎える。それが一番スムーズだからだ。二十二年は『京都全日空ホテル』【地図G】で新たな年を迎えた。

二十二年の年末は最近の定宿、『ホテルボストンプラザ草津』【地図R-d】で原稿三昧の日々を送っていた。大晦日。そのまま近江で新年を迎えてもいいのだが、さすがに正月くらいは家族と一緒に過ごしたいところ。いくら二十分とは言え、わざわざ草津まで呼びつけるというのも気が引ける。と言っても二日には草津に戻りたい。移動を最小限に留めたいという意向も働いての、駅近ホテルだ。

『京都新阪急ホテル』の最上階。リニューアルされて一年足らずのデラックスツイン。おそらくは京都のホテルが最も高い料金を設定するだろう大晦日の宿泊。その料金やいかに。
最近はホテル間の競争も厳しく、グループ化して宿泊客を囲い込もうという流れが加速している。このホテルが属しているのは『阪急阪神第一ホテルグループ』。草津のホテルと同じ仲間なのだ。ここがミソである。今流行りのポイントが貯まる。貯まっていたポイントが使える。さらには会員専用サイトからディスカウント価格で予約ができる、といいことずくめなので、ぜひ入会されることをおすすめする。別段頼まれたわけでも、ましてや利益供与を受けたりしているのでもない。入会金も会費も不要なので、何らマイナスが生じるわけではなく、メリットを享受できるのであれば、これを使わない手はないと思うのだ。

『京都新阪急ホテル』

前著でご紹介した『ダイワロイネットホテル京都八条口』も同様。会員になるとポイントが貯まり、それを使えば一泊タダで泊まれたりする。
当初はバカにしていたポイントだが、使ってみると存外、どころか、相当お得なので、最近はポイント蓄積も視野に入れつつホテルの予約をしている。潤沢な予算をお持ちの方からすれば瑣末《さまつ》なことかもしれないが、ギリギリの予算で、少しでもお値打ち価格で泊まりたい、と思えば切実な問題。

ホテルの公式ホームページを含め、最安値を探して予約することが多いのだが、近年はそれに加えてポイント付加も条件に加味しなければならない。例えば先日こんなケースがあった。

北陸の温泉地取材、早朝からの取材スケジュールが組まれていて、当日の朝一番の列車で行かないと間に合わない。今年の北陸は雪が多く、列車の遅延は充分考えられる。場合によっては運休すらあり得る。となればできるだけ近くまで前夜中に入っておく。いつもの僕のやり方である。こういう費用は自腹を切るのが通常だから、叶う限り安く、かつ快適に泊まりたい。そこで例によって、サイト比較。条件に合う中での最安値を見つけ、予約しようとして、ふと気になってポイント付加を比べてみた。

富山駅近辺のあるビジネスホテル。楽天サイトの最安値は六千五百円。ポイントは一パーセント。同じサイトの中に七千円という価格が出ていて、しかしこちらはポイントが十パーセントなのだ。楽天のポイントは一円に相当するから、七百ポイントが付く計算。つまり実質六千三百円ということになり、先の最安値より二百円も安く泊まれるというわけだ。

セコイ話で恐縮だが、わずか二百円でも積もれば大きい。目先の最安値にとらわれることなく、充分比較検討されることをおすすめする。

年越しの「にしん蕎麦」

さて大晦日、一月一日の連泊ツイン。両日とも朝食が付いていて、ふたりで六万円強というのはお値打ち価格といってもいいだろう。要は一泊ひとり当たり一万五千円なのだから。くどいようだが、大晦日から新年をまたいでの連泊なのだ。しかも朝食付き。

チェックインするまでは、眉《まゆ》に唾《つば》をつけながらだったが、部屋に入ってその不安は払しょくされた。決して広々とは言えないが、大きなクローゼットも付いていて、この値段なら文句は言えない。唯一改善を望むのはトイレ。「ウォームレット」じゃないのだ。ウォシュレットではあるが、便座は冷たい。春夏ならいいだろうが、冬にこれは厳しい。

人の意識というのは不思議なもので、どこのホテルでもそうであるように、便座に座れば温かいものと思い込んでいる。だからその落差に中々慣れない。加えて平成二十三年の元旦、京都の街は雪に覆われていたのだ。ただ便座が温かいということが、どれほど有難いことか、それを気づかせてくれたと思えば……。

そのことを除けば、値段と比較して何もいうことはない。

宿泊体験に戻ろう。大晦日の夜である。夕食を済ませ、常の年ならおせち作りを終えた頃だが、この年はそれもなく、ベッドに寝っ転がって紅白を見るようで、見ていないようでもあり。ふと思い出した。そうだ、年越し蕎麦。急いでフロントに電話を入れた。きっとそういう年越しイベントがあるだろうと思ったからだ。が、意外な返事が返ってきた。特にそういう催しはないというのだ。

まさかの展開だった。部屋の窓からはコンビニが見える。そこまで行けばきっとそれに類するものはあるだろうが。思いあぐねているとベッドサイドの館内電話が鳴った。

十五分も経った頃に部屋に熱々の「にしん蕎麦」が運ばれてきた。

何も特別扱いを受けたのではない。種を明かせばルームサービスの通常メニューだったのだ。年越し蕎麦という意味合いではなく、いつもと同じルームサービスの「にしん蕎麦」にフロントマンが思い当たってくれたのだ。オーダーストップ直前、午後十時前の「にしん蕎麦」は実に美味しく、心安らかに年を越したのだった。

心地よい和朝食

明けて翌朝。元旦は青空が広がった。悩ましきは朝食。年越し蕎麦のイベントもなかったくらいだから、ひょっとして朝食も通常メニューだろうか。一月中有効とスタンプの押された朝食券が弥《いや》が上にも不安をかきたてる。

元旦からトレイを持ってうろつくビュッフェスタイルは避けて、和食の『美濃吉』【地図L㊶】を選んだ。

『美濃吉』。忘れられた存在だった。その昔は鰻をメインにして、それなりに名声を誇ったが、ブームに乗ってファミリーレストランを展開しはじめた頃から、クエスチョンマークが付きはじめた。

粟田口の本店を『竹茂楼』と名づけ、原点回帰を計った。

さまざまな思いを胸に、地下にある店へ向かった。朝七時二十分。狭くはない店内はすでに満席だった。店の佇まいは、どこかしら懐かしい民藝《みんげい》調だ。待合の椅子に腰かけて順番を待つことしばし。案内されたテーブル席の背後には皆川泰三描く京都の名所絵。皆川はこよなく祖父が愛した染色家だ。

思わぬ出会いと相俟って、お屠蘇《とそ》に始まり、白味噌雑煮も付いた元旦の和朝食をじっくりと愉しむことができた。ほどよきホテルだ。

正月泊まりはさておき、京都旅の宿としておすすめできる、最大の理由はそのアクセスである。ＪＲ「京都」駅に着いて、地下街を抜けて地上に出て、わずか十歩も歩けばそこはホテルのエントランス。傘要らずの宿だ。

洛の東西南北。京都を訪れてどこへ行くにしても、ＪＲ「京都」駅が起点になる。その駅とほぼ直結しているのは、なんとも有難い。ひとりでも、ふたりでも、京都旅には使い勝手のいいホテルになるだろう。

『ホテルグランヴィア京都』

同じ「京都」駅をベースにしていながら、『ホテルグランヴィア京都』【地図Ｌ】は幾分趣を異にする。まずもって違うのは価格。先の『京都新阪急ホテル』に比べると、宿泊費はうんと違う。例えば先の日と同じ、大晦日から新年に掛けての宿泊費は、『京都新阪急ホテル』の二倍を超えていた。無論それに見合うだけのグレードを備えているからご安心を。予算に応じて選び分ければいい。

ＪＲ「京都」駅の真上にあるのだから、アクセスはこれ以上望むべくもないほど便利。これまでこのホテルをおすすめしてこなかったのは、ツインベースのホテルゆえのこと。シングルを持たないホテルはひとり旅には不利。

今回はゆとりある、ふたり旅ならという条件付きでのご紹介。

最近のホテルの常として、スタンダードからスイートまで、かなりのクラス分けがなされている。ありていに言えば安い部屋から高い部屋まで。どのランクを選ぶかは予算次第ということだ。

『ホテルグランヴィア京都』ロビー

ビジネスならともかく、このクラスのシティホテルの場合、値段の差以上にランクによる快適度の差は大きい。スーペリア、デラックス辺りがおすすめ。もしくはエグゼクティブフロアに相当する〈グランヴィアフロア〉に泊まる。

スタンダードの部屋と何が違うかといって、まずはアメニティが違う。部屋の広さが違う。部屋からの眺めが違う。さらに専用のラウンジが使えて、ソフトドリンクがいつも無料で飲める、と、相当な差がある。問題はこの付加価値に対してどれほどの対価を払うか、だ。

公式にはツインで一万円近い価格差があるのだが、「一休．ｃｏｍ」などのサイトでは時折り、限りなくその差が縮まることがあって、そのタイミングさえ合えば千円ほどの違いでクラスアップできる。

〈グランヴィアスーペリアツイン〉。三十四平米はさすがに広い。大きく取られた窓から見下ろす京都の街並みも圧倒的な美しさを見せる。

泊まってみるまで、まったく知らなかったのだが、このホテルには室内プールがある。三階の一角にフィットネス施設があり、そこには三コースの立派なプールやジャグジー、ウォームルームが備わっている。朝七時から夜九時まで、宿泊客なら千五十円で利用できる。わけても朝七時から九時までは宿泊者限定になるので、朝のウォーミングアップに最適だ。と、これが何度利用しても無料という時期に当たった。冬から初春にかけてのオフシーズン限定だが、好評ならばリピートする可能性もあると聞いた。お目当てにするなら確かめてから予約したい。

「京都」駅の上で室内プール。なんとも贅沢、かつ不思議な体験だ。こういうプラスアルファを求めるなら一定以上のランクのシティホテルに限る。

京都でホテルに泊まる。まず考えるべきは、ベッドにプラスして何を求めるか、だ。何も求めるものがなければアクセス至便なビジネスホテルがいい。他に望むものがあれば、それに合わせてシティホテルを選ぶ。

たとえば市内の眺めを、と望むなら恰好のホテルがある。

二．絶景を眺める京都のホテル

テレビで「絶景温泉」の番組を手掛けるようになってから、絶景という言葉に敏感になっている。眺めは悪いよりはいいほうがいい。ホテル選びのポイントとして眺めのプライオリティは決して高くはなかった。窓のすぐ前が隣のビル、というのは避けたいところだが、絶景を望む部屋を、と願うことはあまりなかったのだ。

景色もご馳走のうち。そう思うようになってきた。お取り寄せ全盛の時代、絶対取り寄せられないのが景色。訪ねてこその絶景だ。ならば京都泊まりでも絶景を愉しみながらはアリだと思うに至った。

京都ならではの絶景を望めるホテルをいくつかおすすめする。

『京都ホテルオークラ』

『京都ホテル』。未だに僕はそう呼んでしまう。オークラ系列に入って何年も経つというのにだ。それはしかし僕だけではなく、たとえばタクシーに乗って年輩のドライバーなら、『京都ホテル』と告げれば、聞き返されることもなく、ちゃんと連れて行ってくれる。それは蹴上の『ウェスティンホテル』も同様。かつて京都でホテルの両雄といえば、『都ホテル』と『京都ホテル』だった。

こういう場合、このどちらかに肩入れするのが都人の倣いだった。そしてひとたび選んでしまうと、滅多なことでは宗旨替えしない。明治生まれの祖父などは完璧なまでの『京都ホテル』派で、たまに会合などでやむを得ず『都ホテル』に出掛けねばならないときなどは、はっきりと不機嫌な顔付きで玄関を出たものだった。

頑固を絵に描いたような祖父は、東京では『帝国ホテル』、京都にあっては『京都ホテル』と決めていて、生涯これを変えることはなかった。

当時は無論ここに泊まることなどなく、もっぱら会合や食事、宴会などで利用するだけだった。自分自身のときもそうだが、結婚披露宴に出席する機会が相当多かったように記憶する。

改めて『京都ホテルオークラ』【地図F】。今は市内でももっとも高い高層ホテルだが、かつては渋い洋館建築のオーソドックスなホテルだった。このホテルから僕の足が遠のくようになったのは、この高層ホテルが建ってからである。

京都に高層ホテルは要らない。そう思う向きが多かったのか、有名寺院がこぞって反対運動を展開し、このホテルの宿泊客の拝観は拒絶するという、強硬さだった。その是非はともかく、鴨川を歩いても、寺町通を散策しても、必ず目に入ってくる高層ホテルを好ましく思うことはできなかった。

『京都ホテルオークラ』

十年ひと昔。そんな対立などなかったかのように、今ではホテルのロビーに僧侶の姿も多く見掛ける。東山を望む部屋に泊まってみようか、そう思った春、建て替えられてからすでに十年以上も経っていた。

例によって宿泊サイトからの予約比較。決して安価とはいえないだけに、握るマウスにも力が入る。ホテルによってはサイトによって、かなりの価格差を付けているところもあるのだが、この『京都ホテルオークラ』はあまり差をつけない主義のようだ。横並び価格を横目に見て、眺望によって価格差が大きいことに気づいた。

こういうケースでは、僕は直接ホテルサイトから予約する。ただ最初から電話をすると公式料金になる恐れがあるので、まずは会員登録して、ネットで予約する。オフの平日、シングル一万三千円から、一番高いのが東山ビュー確約スーペリアツインのシングルユース二万千円まで。

せっかくだから東山ビューの部屋に泊まってみたい。とは思うものの八千円の差は大きい。八千円もあれば、ちゃんとしたディナーも食べられるだろう。とは言うものの、シングルだとどんな眺望になるか分からない。『京都ホテルオークラ』に泊まろうと思ったのは、その眺望に期待してのはずだったのではないか。こういうとき僕は自問自答を繰り返し、優柔不断になってしまう。誰かに決めてほしいくらいだ。

神さまに決めてもらおう。そう決断してコイントスに委ねた。裏が安値、表が高値と決めて、神さまの選択は……。

遠山桜を望む部屋

春は名のみの。冷たい風が吹くさなか、河原町通のエントランスを潜った。

ちゃんとドアボーイが待機していて、招き入れてくれる。この辺りからシティホテルの快適さが始まる。ビジネスだとこうはいかない。「ご宿泊ですか」と、さっと荷物を持って、フロントへと案内してくれる。

少しばかり緊張しているのは、これから始める小芝居のせいだ。

「予約した柏井ですが」

「柏井さま、お待ちしておりました。ご面倒ですがご記帳をお願いします」

フロントスタッフが宿泊者カードを差し出す。

「ネットでシングルを予約したんですが、どうせなら東山ビューのツインにすればよかったと、ちょっと後悔してるんです」

そう言いながら、ゆっくり記帳する。

「さようでございましたか」

そう言いながらスタッフの目が、僕からパソコンのディスプレイに移った。

「少々お待ちください」

スタッフの女性はキーボードを叩いている。僕の緊張感は高まる一方だ。すでに書くべき項目はすべて書き終えた。と、

「柏井さま。ちょうど本日東山ビューのお部屋に空きがございましたので、そちらのほうにグレードアップさせていただきます」

にっこり笑い掛けた。ここで糠《ぬか》喜びするのはまだ早い。

「追加料金はいくらくらいに?」

「いえ。当方の判断でございますので、今回は追加料金は発生いたしません」

『オークラ』の客室

喜びを爆発させたいところだが、ここはおとなの対応。軽い笑顔で応える。

「ありがとう」

無償でグレードアップしてもらったから言うわけではないが、さすがの対応である。老舗の格式あるホテルならではだ。

どういう基準があるのか定かではないが、恐らくはその日の空き状況と、当日客がどれく

らい入りそうかを天秤に掛けての判断なのだろう。無論、追加料金を請求されることも少なくないし、あるいは仮に空きがあっても、あいにく満室で、と断られることもある。

ひたすら情に訴えるのが僕のやり方。もっともダメなのは強圧的態度。フロントスタッフとて、ホテルマンである前に、ひとりの人間なのだから。

案内を受けて通された部屋。最上階とまではいかないものの、十一階からの眺望は見事なものである。東山の峰々が間近に迫る窓からの眺めは圧巻。さくらの頃にはきっと遠山桜が望めることだろうと、思い描いた。

三十七平米のスーペリアツインはゆったりした広さ。ひとりだと身の置き所に迷うが、ふたりなら窓辺に寄り添い、東山の遠山桜に目を細めることだろう。


『大津プリンスホテル』――比叡の峰に陽が沈む部屋

京都人にとって、比叡山は陽が昇る峰であって、天地がひっくり返っても陽が沈む峰などということはあり得ない。朝な夕なに眺める比叡山は東山連峰の北に連なっているのだから、未来永劫それは変わることはないと信じてきた。

それ故、この『大津プリンスホテル』【地図R-f】の部屋から、比叡山に夕陽が沈んでい

『大津プリンスホテル』

く様を見たときは、声にすらならなかった。

当たり前のことだが、琵琶湖から見れば比叡山は湖西に位置し、したがって陽はこの峰に沈んでいく。だがその当然のことを当然として受け入れるには時間が掛かる。ある種の感動を持って、このホテルからの夕景を飽かず眺め続けた。

京都の街中から眺めると、比叡山はかなり鋭角に見えるが、琵琶湖側からはたおやかな峰に映る。頂きが台地のようになっていて、同じ山だとは思えないほどだ。

『大津プリンスホテル』は大津の湖岸にあって、超高層ホテルである。丹下健三の設計でなければ却下されたのではないかと思うほど、唐突に琵琶湖岸から天空に伸びている。

最寄駅はＪＲ「大津」駅。「京都」駅からはふた駅、所要時間はわずかに十分という近さだ。ＪＲ「大津」駅とホテルを結ぶシャトルバスは概ね三十分置きに運行されているから、発着時間は予め確認しておきたい。

最上階三十八階はフレンチレストラン。客室としての最上階は三十五階だが、この高さまで来ると、さほど眺めは変わらない。三十階以上なら、充分琵琶湖ビューを愉しめる。だが比叡山に沈む夕陽を眺めるのに恰好の部屋があって、それが今回宿泊した三十四階の〈スカイフロアEIZAN〉。

例によって、各宿泊サイトを比較し、今回は楽天トラベルに軍配が上がった。日曜日の宿泊、〈スカイフロアEIZAN〉確約でダブルルームのシングルユースが一万五千円。他の曜日より日曜宿泊がお得なのには、ある理由がある。

前著辺りから繰り返し書いてきたように、平成二十三年、NHKの大河ドラマは江姫がヒロインである。主な舞台は近江。ということで、江姫人気を盛り上げようと、ホテルをはじめ、さまざまに趣向を凝らしたプランを作って売り出している。

この『大津プリンスホテル』も例外ではなく、この日宿泊したのはまさにそれ。〈【江～浅井三姉妹物語～プラン其の壱】「江・浅井三姉妹博覧会」の入場や各会場へのシャトルバス乗車がついた博覧会チケット付きプラン♪〉と名づけられた長い名前のプランなのだ。日曜日は大河の日と決めて、さらに安くなるのだとあった。

長浜を中心にして開催されている「江・浅井三姉妹博覧会」の三館共通チケットと、これらの会場を結ぶシャトルバスの無料乗車券は合わせて千円で発売されているから、かなりのお値打ちプランであることは間違いない。

ちなみにこの〈スカイフロアEIZAN〉のダブルルーム、正規料金は三万八千円と聞いた。つまりは、三分の一に近い料金ということになる。

近江の湖東から湖北にかけて、江さまゆかりの地を巡ってホテルに戻る。と、ちょうど比叡の峰に夕陽が沈む頃。北に連なる比良の峰々が赤く染まっていく。そんな眺めを得られるのはこのホテルのこのフロアだけ。近江泊まりの贅。


『ロテル・ド・比叡』


『大津プリンスホテル』から眺めていた比叡の峰。緩やかに続く頂きの南の端、そこにもまたホテルがあって、目を凝らせばその館らしき姿が見えそうな気がした。と、当然のことながらそのホテルからは琵琶湖を見下ろすことができる。

京都のホテルは、多くが僕の子どものころから存在し続けているが、そのうちの何軒かは名前が変わってしまっている。先の『京都ホテルオークラ』や秋に書いた『ウェスティン都ホテル京都』などがそれだ。

京都人は今も、心の中では〈京都ホテル〉〈都ホテル〉と呼んでいる。と、同じように、比叡山の山麓に建つ『ロテル・ド・比叡』【地図R-e】は、今でも僕の中では〈比叡山国際観光ホテル〉なのである。

琵琶湖を見下ろす眺めが得られる部屋はスイート以上の一部に限られるが、レストランやテラスからなら琵琶湖を望むことができる。比叡の中腹から琵琶湖を眺める。昼も夜もまさに絶景だ。真下には湖西坂本辺りから右へ浜大津、「近江大橋」くらいまでが見渡せ、左に目を遣ると、対岸の湖東も望める。こうして見ると、近江の中で、思ったより琵琶湖の占める面積が大きくないのが分かる。三分の一ほどもあるだろうと思っていたが、ホテルで尋ねると概ね六分の一だと答えてくれた。平野、山、豊かな風土だ。

遅咲きの夜桜

そして春になぜこのホテルかと言えば、比叡山には遅咲きのさくらがあるから。比叡山の〈桜祭り〉『萌桜会《ほうおうえ》』が行われるのはゴールデンウィークだと聞けば、どれぐらいさくらが遅いか、お分かりいただけるだろう。

比叡山のさくら路には、およそ千八百本ものさくらが植えられている。そのほとんどはソメイヨシノやヤエザクラだが、場所によっては珍しい品種もあって、洛中『平野神社』で見掛ける〈手弱女《たおやめ》〉や〈衣笠〉。奈良『興福寺』にある〈楊貴妃〉など、可憐な花も咲く。

比叡山の山腹にはおよそ十箇所ほどのさくら名所がある。洛中のさくらがそろそろ散り掛けた頃からがこの山の本番。麓から頂きへと順に咲いていく。

中でとっておきの一箇所と問われれば、この『ロテル・ド・比叡』からほど近い『夢見が丘』の夜桜。

さくらにせよ、もみじにせよ、ライトアップを好まないと繰り返し書いてきたが、ここだけは別、としておこう。四月の半ば、陽が沈むと一斉にライトアップされ、ソメイヨシノやヤマザクラが闇夜に浮かぶ。そしてその彼方《かなた》には琵琶湖の夜景がきらめく。まさしく現代の幽玄。はたして他にこういう眺めを得られる場所があるだろうか。

さくら、湖、街の灯り、そして夜空。得難い眺めだと思う。これを見るためだけに『ロテル・ド・比叡』に泊まったとしても、その価値は充分ある。

フランスのオーヴェルジュを範とした、瀟洒なホテル。部屋も軽やかなら、レストランもまた空気は弾んでいる。『カフェ・ド・レレル』のテラス席がいい。緑に溶け込むように佇む椅子に腰掛けて、琵琶湖を見下ろしながらのランチタイム。洛中では決して得られないひととき。京都旅で一度は訪ねてみたい。

三．京都の海辺に泊まる

天橋立に泊まる――『ワインとお宿千歳』

以前『「極み」のひとり旅』（光文社新書）で『対橋楼』【地図Q－b】という旅館をご紹介したが、日本三景のひとつ、天橋立界隈には他にもまだいい宿が何軒かある。その一軒が『ワインとお宿千歳《ちとせ》』【地図Q－b】だ。

もしも天橋立に泊まるなら、こんなスケジュールはいかがだろうか。

できる限り朝早く出立する。たとえば「東京」駅発朝六時ちょうど。これなら「京都」駅には八時過ぎに着く。春の混雑を避ける意味でも早朝に動くのは賢明だ。多くの寺社は朝八時には開門している。寺巡り、神社参りは人が集まるまでに済ませたい。

早くから動くとお腹が減るのも早い。早めのランチにすれば混雑も避けることができ、いいことずくめだ。まさに〈早起きは三文の徳〉を実感できる。ちなみに〈得〉ではない、〈徳〉である。〈得〉ではあまりに即物的過ぎる。早起きをすることで〈徳〉が備わると解釈したい。

午後は腹ごなしもかねて散歩といきたいところだが、春の京都。一年でもっとも混雑する季節に歩きまわるのは無謀だ。

ここは花を避け、美術館巡りがベストな選択。花の多い岡崎界隈には『京都市美術館』【地図E】、『細見美術館』【地図F】、『京都国立近代美術館』【地図F】といくつもの個性豊かな美術館が集まっているので、ここでたっぷりと目に栄養を。わけても『細見美術館』は琳派をはじめとして、マニアックな展観が愉しい。昼下がりは客もまばらでゆっくりと鑑賞できる。

『細見美術館』

その後は駅で京土産を物色しながら時間調整。JR「京都」駅の内外は近年急速に整備され、いくつものショッピング街がある。代表的なのが『ジェイアール京都伊勢丹』の地下。地下一階は菓子を中心にした京土産、地下二階は惣菜や京名産。隣接する『ザ・キューブ』も改装されたばかり、地下街『ポルタ』もあれば、八条口側には『みやこみち』なる名店街もあり、土産を探すには事欠かない。加えて時間がなければエキナカにもショップは目白押しだ。

十五時二十五分「京都」駅発『特急はしだて五号』に乗り込めば、十七時二十七分には天橋立駅に着く。二時間余りの汽車旅だ。駅から宿までは歩いて五分と掛からない。春の夕方五時半といえばまだまだ陽は沈まない。ひと風呂浴びてゆっくりと夕餉を待つ。距離にして百キロもあるのだろうか。随分遠くへ来た感があるが、ここもまた京都なのである。丹後半島というのは不思議なところで、天橋立から少し東に行けば福井県の若狭、西に行けば兵庫県の但馬。真ん中だけの陣地を京都が取ったという寸法だ。

天橋立に泊まるなら、ぜひとも寄り道しておきたいところがある。

丹後半島の先に間人《たいざ》という名のついた港【地図Q－a】がある。天橋立からは、車でおよそ三十分ほどの距離。ちょうど丹後半島を縦に進む感じだ。

ここの名産は、いわゆるブランド蟹だ。間人蟹《たいざがに》といえば、京都でも食通の間ではよく知られる名だ。

荒波たゆとう日本海。冬にはなお一層。なればこそ、高値で取引され、京都の料理屋で人気を呼ぶ。しかしその間人という地名にはゆかしい話が残されている。

間人と書いて、普通には〈たいざ〉と読むならわしはない。〈かんじん〉あたりだろうか。ところで聖徳太子の母は間人皇后である。これは〈はしうど〉と読む。これが地名の由来。

政争を嫌った間人皇后は、都を逃れ、この地に移り住んだ。そのとき村人たちが手厚くも

『廻旋橋』

てなしたことに感動した間人皇后は、自らの名を、この地にささげた。

ありがたく思いながらも、恐れ多いと村人は、字だけは授かったものの、読みは遠慮し、退座した皇后にちなんで〈たいざ〉と読むことを選んだ。

ゆかしい話であるが、その間人蟹を、グルメの極みとして誇り高ぶる料理人との齟齬《そご》は埋めようもない。

近年、何かというと、料理人が畑に入り込んで、自ら野菜を収穫する様を披露する。それをして、素材に対する真摯な姿勢だと、こぞってマスメディアは評価する。ならば問うてみたい。冬の蟹漁にも同行する気概がある料理人はいるのか、と。

船底板一枚下は地獄と言われる海だからこそのブランド蟹である。命がけで獲る漁師はしかし、近年の農家のように驕りはしない。料理人を叱咤するわけでもなく、淡々と漁をこなし、漁獲をセリにかける。あるいは馴染みの料理屋に送る。潔い姿は尊く映る。

さて宿に戻ろう。客室はわずかに七部屋。どれもが趣向を凝らし、今風にデザインされているが、僕のおすすめは三〇一号室「黎明《れいめい》」である。

窓の下にはすぐ運河が流れていて、天橋立名物とも言える「廻旋橋《かいせんきよう》」が目の前にある。以前にも書いたように、この「廻旋橋」、船が通る度にぐるりと回って、船の路を開ける。その様子は飽かず眺めていられるほどにおもしろい。窓辺に置かれたマッサージチェアに座って、身体をぶるぶる震わせながら「廻旋橋」の様子を見るのが、僕の密《ひそ》かな愉しみ。

俗に〈美人の湯〉と言われる天然温泉は、四つの湯船で愉しめる。高野槙《こうやまき》で設えられた桶の湯船が心地いい。湯も滑らかなら、高野槇の木肌もすべすべしている。洛中では中々馴染まない温泉だが、北の果て、天橋立にはしっかりと根づいている。洛内に温泉を求めるより、丹後まで足を延ばしたほうが得策。きっと温泉情緒が満喫できる。

さて、この宿が真価を発揮するのは夕食どきである。何しろ宿の名に〈ワイン〉とあるぐらいだから、ワインの品揃えは半端なものではない。近年、日本旅館でもいいワインを揃える宿が増えてきたのはうれしい限りだが、ここまで徹底して揃えている宿を僕は他に知らない。

興味を持たれたワイン好きの方はぜひ一度、宿のホームページに記されたワインリストをご覧あれ。きっと驚かれることだろう。

日本海に面した宿。もしも下戸の方だったとしても、食事だけでも充分愉しめる。海の幸はもちろんのこと、京都牛や地元の蕎麦粉を使った手打ち蕎麦など、バリエーション豊かな和洋折衷のコース料理をじっくり味わえる。

京都は山国である。だがこの宿のある天橋立も京都府にある。海と山、両方を愉しみたいなら、一泊は洛中、もう一泊はこの宿。日本三景のひとつも観ることができて、至福のワインが味わえる。春の京都旅。宿のセレクトにこんなところを加えると、愉しみが一層増すことだろう。

おわりに

シリーズ完結。そう言えば、なにやら大層な話に聞こえるだろうが、京都のあれこれを綴ってきて、プロの研究者、学者でもない僕が、四季折々をリアルタイムで、新書という形で書き続けるということは、結構なひと仕事だった。

三か月に一度刊行するとなれば、その締め切りはあっという間だ。加えて近年、京都を舞台にした旅情ミステリーなるものも手掛けていて、これが年に四冊。つまりは一年に八冊というペースで書いてきた。時間は足りないが、それを補って余りある、京都への愛情が、充実した内容を維持できる原動力となった。そしてその集大成が本書だと自負する次第。

光文社新書の頁組みは、四十一文字掛ける十五行。概ね一ページが六百文字。つまりはページ当たり、原稿用紙で言えば一枚半ということになる。

各刊、二百ページを超えているから、少なくとも一冊が三百枚。四冊揃えば、最低でも千二百枚。結果として力作になったと思う。

ほぼスタイルは踏襲した。

日なみ月なみといって、京の歳時記を一章。時々に応じての街歩きを一章。季節の味わいを一章。泊まるべき宿の話を一章。加えて近江のあれこれを一章加えたのが新鮮だったのではないかと、振り返って思う。

あるいは、京都紹介とは路を外れ、今の京都のあり方、京都本への疑問、ミシュラン批判、行政への不満。時に怒りを爆発させ、嘆き、恨み事を書き連ねることも、予想外だったのではあるまいか。

わけても京都と並び称される古都奈良の、平城京遷都千三百年祭。そのあり方について、厳しい批判をしたのは、前著『京都　冬のぬくもり』だった。

奈良のイベントであるのに、京都や東京の料理人を引っ張ってきて、フードフェスティバルを催したことへの怒りが爆発したのだった。奈良とは縁もゆかりもないシェフに料理をさせる、そんな企画を奈良県民が思いつくはずがない。きっと役人の発案で外部に丸投げしたのだろう。と、それを裏付けるようなニュースが春先に走った。千三百年祭の内容をまとめた冊子に誤りが多過ぎたので回収するというもの。

二百八十四ページの冊子に二十箇所以上の誤りがあったという。中には一五六七年に焼失した大仏殿を〈千年以上も保存されている〉などという、初歩中の初歩の誤った表現があったり、法華寺を〈法華時〉と誤記するなど、通常あり得ないミスが溢れていたと記事にあった。

物を書き、編むという中で、ミスは避けられないものだ。本シリーズでも一度もミスはなかったとは言えない。だが、奈良の場合、問題は製作過程にある。

問題が発覚して、県の言い分がふるっている。〈三か月間で三十人の外部ライターが執筆し、執筆期間も短く、確認も不充分だった〉と言い訳をしている。やっぱり外部ライター頼みだったのだ。一事が万事。心から郷土を愛していれば、こんな愚は犯さない。何より出版事情をまったく知らないというのも問題だ。

先に書いたように僕はひとりで本シリーズを書いてきた。執筆は二か月を超えない。ほぼ同じページ数の本を、奈良は三十人で書いている。それでも短い期間だと言う。

あきれたことに、編集費は四百万円だという。発行部数は二千部を超えないのにだ。税金だからこんな無駄遣いを平気でする。

現物は県にもないそうなので、入手は困難。概要を記したものを取り寄せてみた。レポートそのものを読んだわけではないが、十一章にわたる概要を読んで、何ら反省のないことが分かる。単なる歴史観に終始して、イベントそのものの総括がない。本レポートをまとめたのは、僕が日ごろから尊敬している編集学の大家だから、残念な思いで読んだ。

知と情は別物なのだと、改めて感じた。イベントそのものも、レポートも知に頼り過ぎた結果なのだろうと思う。どちらも奈良に対する愛情の欠如が、こういう愚を重ねることになった。それは、この問題が発覚して後、知事の発言によく表れていた。

奈良時代に栄えた〈南都六宗〉を紹介する条《くだり》で、〈法相宗〉を伝えた寺として『興福寺』だけを紹介し、『薬師寺』を記載しなかった。あり得ない話だ。当然のことながら猛烈な抗議をした『薬師寺』に対して、知事はあろうことか「瑣末なことだ」と言い放ったのだそうだ。「正誤表を出せば済む話」とも言った。

本当に奈良の方々はお気の毒だと思う。歴史や文化ということに、これほど無頓着な人物が、たまさか記念すべき千三百年祭のトップに居たという不幸。しかも反省の気持ちが微塵もないまま、それを終えてしまった。百年に一度のチャンスを無駄にしてしまったのだ。

本シリーズで一点、大きなミスを犯したことがあった。詳述は避けるが、そのミスが発覚して後、編集者はどれほど胸を痛め、心を砕き、それを正すために全力で事に当たったか。

正誤表一枚で済まそうなどという傲慢な発想は元よりなかった。誠心誠意は、言葉だけでなく、実際の行動を伴ってこそ意味を成す。そのお手本のようだった。

少しく勇気が要った。書く側の僕もだが、本シリーズを編む編集者には、さらなるプレッシャーがあっただろうと推察する。

京都の本である。京都の四季を綴るはずが、時には二割近い紙幅を割《さ》いて近江を語ることに齟齬はないのか。京都本ならまだしも、他県のイベントまでをも批判するのは勇み足ではないか。

編集者としての立場から、きっと自問されただろうことは想像に難くない。それを超えて、あたたかな目で、見守っていただいたことに、改めて今、感謝したい。

編集者だけではない。読者諸兄諸姉も同じだ。いや、出版する側から言えば、編集者より先に、まずは読者に感謝せねばならない。夏から始まり、春まで辛抱強くお付き合いいただいたことに、心からの謝意を表する次第。

京都ブームはやがて〈和〉ブームへ、さらには仏教ブームへと繋がり、日本古来の伝統への注目度は高まるばかり。一過性に終わることなく、ファッションの一環としてだけでなく、心の底に根づくことを願う。

本書を手に取られたなら、夏、秋、冬編もぜひご覧いただきたい。できる限り、重複しないよう心がけたので、重なりはないと思う。各項目、店、宿、最もふさわしい季節に著したが、四季それぞれに愉しめるはずだ。

例えば本書で書いた第二章の〈春の京歩き〉。山の東と西の端に沿って歩く路は、四季を問わず愉しめる。雪月花、もしくは風花雪月《ふうかせつげつ》。

愛すべき書家、故榊莫山《さかきばくざん》が書いたと同じ。

花アルトキハ花ニ酔ヒ。

花があれば、素直にそれを愛でればいい。だが、花がなければないで、見どころは幾らもある。それが京都。四季それぞれに愉しみはあるものの、四季を問うことなく愉しめるのもまた、京都という街なのである。

貴船神社
鞍馬寺
由岐神社
くらま
きぶねぐち
にのせ
いちはら
にけんちゃや
きょうとせいかだいまえ
きの
いわくら
はちまんまえ
実相院門跡
三千院
大原
延暦寺
ケーブル
やせ
やせ
ひえいざんぐち
ケーブル
ひえい
比叡山
みやけはちまん
こくさいかいかん
宝ヶ池
たからがいけ
上賀茂神社
上賀茂橋
妙円寺
新宮神社
修学院離宮
鷺森神社
曼殊院
しゅうがくいん
きたやま
まつがさき
半木神社
賀茂川
高野川
叡山本線
左京区
一乗寺下り松
いちじょうじ
詩仙堂
八大神社
きたおおじ
下鴨神社
天寧寺
ちゃやま
くらまぐち
上御霊神社
相国寺
もとたなか
宝鏡寺
烏丸通
でまちやなぎ
いまでがわ
西陣
八神社
銀閣寺（慈照寺）
梨木神社
鴨川
京都御所
京阪鴨東線
地下鉄烏丸線
哲学の道
東山区
下御霊神社
大文字山
如意ヶ岳
じんぐうまるたまち
まるたまち
平安神宮
京都市役所
永観堂（禅林寺）
南禅寺
からすまおいけ
きょうとしやくしょまえ
ひがしやま
けあげ
金地院
湖西線
さんじょう
さんじょうけいはん
辰己稲荷
日向大神宮
錦天満宮
知恩院
安養寺
山科区
中京区
からすま
かわらまち
ぎおん
しじょう
八坂神社
長楽寺
しじょう
毘沙門堂
烏丸通
河原町通
高台寺
建仁寺
八坂の塔
地下鉄東西線
みささぎ
ごじょう
きよみずごじょう
安祥院
地主神社
諸羽神社
やましな
渉成園
清水寺
おいわけ
方広寺
けいはんやましな
やましな
しのみや
本願寺
しちじょう
妙法院
下京区
三十三間堂
智積院
東海道本線
きょうと
ひがしの
とうふくじ
とうふくじ
万寿寺
東海道新幹線
とうじ
くじょう
東福寺
じゅうじょう
とばかいどう
じゅうじょう
なぎつじ
ふしみいなり
いなり
伏見稲荷
かみとばぐち
伏見区
ふかくさ
奈良線
くいなばし
名神高速道路
奈良街道
城南宮
ふじのもり
地下鉄東西線
おの
たけだ
藤森神社
阪神高速京都線
近鉄京都線
京阪本線
だいご
醍醐寺
JRふじのもり
外環状線
いしだ

京都市内広域図

栂尾
槇尾
高山寺
神護寺
西明寺
高雄
嵐山高雄パークウェイ
常照寺
源光庵
光悦寺
北区
大徳寺
金閣寺（鹿苑寺）
船岡山
右京区
上京区
龍安寺
等持院
大報恩寺
（千本釈迦堂）
仁和寺
北野天満宮
大覚寺
うたの
おむろにんなじ
りょうあんじ
とうじいん
みょうしんじ
きたのはくばいちょう
嵯峨嵐山
なるたき
嵐電北野線
ときわ
妙心寺
達磨寺（法輪寺）
千本通
トロッコあらしやま
さがあらしやま
うずまさ
はなぞの
えんまち
トロッコさが
天龍寺
広隆寺
山陰本線
二条城
あらしやま
らんでんさが
ろくおういん
くるまざきじんじゃ
ありすがわ
かたびらのつじ
うずまさこうりゅうじ
うずまさてんじんがわ
にしおおじおいけ
にじょう
嵐山
かいこのやしろ
らんでんてんじんがわ
やまのうち
にしおおじさんじょう
あらしやま
嵐電嵐山本線
さい
おおみや
さいいん
しじょうおおみや
梅宮大社
松尾大社
まつお
西大路通
たんばぐち
西本願寺
桂川
山陰道
西芳寺（苔寺）
にしきょうごく
阪急嵐山線
かみかつら
西京区
天神川
桂離宮
JR京都線（東海道本線）
東寺
かつら
にしおおじ
南区
阪急京都本線
かつらがわ
らくさいぐち
桂川
向日市
むこうまち
ひがしむこう
東海道新幹線
N
1

A
おすすめどころ
1 三友居
103
北山通
国際交流会館
川端通
京都工芸繊維大
しゅうがくいん
交番
白川通北山
山端
104
消防署
薬師堂
高野
障害者スポーツセンター
曼殊院道
修学院二小
東大路通
いちじょうじ
詩仙堂
叡山電鉄叡山本線
金福寺
修学院中
181
白川通北大路
一乗寺
北大路通
高野
北白川疏水溝
白川通
わたやま
京都造形芸術大
東鞍馬口通
田中
駒井家住宅
左京区
182
北白川
日本バプテスト病院
北白川別当
御蔭通
30
京都大学
北白川小
白川
農学部
理学部
三友居
白川通今出川
東今出川通
白沙村荘
吉田山公園
白川通
哲学の道
銀閣寺

B
おすすめどころ
2 カフェテリア オルタス
3 食堂アルス
4 蕪庵
交番
北山通
まつがさき
京都工芸繊維大学
美術工芸資料館
2 カフェテリア オルタス
京都工芸繊維大
3 食堂アルス
40
北泉通
下鴨
洛北高·中
疏水分流
下鴨本通北大路
367
北大路通
宝泉堂
蕪庵 4
交番
高野橋
交番
高野
下鴨本通
ホリデイ·イン京都
181
下鴨神社
東大路通
下鴨小
高野川
東大路通鞍馬口
糺の森
賀茂川
河合神社
御蔭橋
叡山電鉄叡山本線
もとたなか
養生小
葵橋東詰
葵橋
葵公園
葵橋西詰
でまちやなぎ
河合橋
出町橋
でまちやなぎ
知恩寺(百萬遍)
百万遍
理学部
賀茂大橋
今出川通
河原町今出川
河原町通
鴨川公園
工学部
石薬師御門
京都大学総合博物館
京都大学
32
体育館
教育学部

C
おすすめどころ
5 うたかた
6 紫野源水
加茂川中
紫竹小
38
紫竹
上賀茂大橋
植物園北遺跡の石標
40
きたやま
北山大橋西詰
北山大橋
元町小
北山通
北署
堀川北山
半木神社
賀茂
府立植物園
交番
小山
うたかた 5
新町通
衣棚通
室町通
賀茂川
日本福音ルーテル加茂川教会
京都府立大
今宮通
鳳徳小
大宮通
きたおおじ
小柳南通
北大路橋
367
紫野通
烏丸北大路
紫野南通
紫明小
大谷大・短大
堀川通
6 紫野源水
地下鉄烏丸線
加茂街道
烏丸紫明
堀川北大路
京都教育大
京都中・小
紫明通
堀川紫明
天寧寺
くらまぐち
鞍馬口町
妙覚寺
大泉寺
上御霊神社
水火天満宮
上御霊前通
上御霊前通
出雲路
本法寺
京都産業大附属高・中
烏丸中
光明寺
宝鏡寺（人形寺）
寺之内通
阿弥陀寺
堀川寺之内
室町小
相国寺
シティ H
いまでがわ
同志社大
アーモスト館
今出川通
上京区役所
同志社女子大
中筋通
堀川今出川
今出川御門
西陣織会館
H レジーナ
烏丸今出川
晴明神社
武者小路通
石薬師御門
横神明通
38

D
北区
おすすめどころ
7 松野醤油
8 とり料理 わかどり
9 中国料理 楼蘭
10 衣笠の屋台うどん
11 権太呂 金閣寺店
常照寺
鷹峯小
源光庵
光悦寺
鷹峯
交番
松野醤油 7
大北山
8 とり料理 わかどり
中国料理 楼蘭 9
しょうざん光悦芸術村
旭丘中
今宮神社
芳春院
龍翔寺
佛教大
府立盲学校 中・小・幼
紙屋川
高桐院
大徳寺
紫野高
龍光院
北大路通
181
千本北大路
金閣寺
金閣寺前
府立盲学校 高等部
紫野
紫野小
船岡山公園
31
木辻通
柏野小
衣笠の屋台うどん 10
鞍馬口通
船岡温泉
権太呂 金閣寺店 11
千本鞍馬口
木辻馬代
交番
千本寺之内
平野
浄福寺通
西陣病院
石像寺
平野神社
千本通
翔鸞小
上立売通
大報恩寺 (千本釈迦堂)
交番
五辻通
北野天満宮
嘉楽中
西大路通
衣笠小
今出川通
北野
101
千本今出川
落星高・中
上七軒
元誓願寺通
笹屋町通
至 地図 K

E
吉田山公園
吉田神社
吉田
白川通
銀閣寺
哲学の道
浄土寺
法然院
鹿ヶ谷
真正極楽寺（真如堂）
金戒光明寺
大豊神社
平安の森
187
丸太町通
平安神宮
岡崎
岡崎公園
二条通
永観堂
京都市動物園
京都市美術館
南禅寺
南禅寺
洛翠庭園
仁王門通
金地院
三条通
ウェスティン都
蹴上浄水場
けあげ
インクライン
粟田口
安養寺
日向大神宮
知恩院
地下鉄東西線
円山公園
日ノ岡
143

おすすめどころ
12 中央食堂
13 レストラン ラ・トゥール
14 カフェレストラン カンフォーラ
15 レストランしらん
16 ビィヤント
17 辻留
18 菱岩
19 しぐれ茶屋侘助（祇をん店）
20 平野家本家
21 長楽館カフェ
22 祇園喜鳥
23 京極かねよ
24 コロナ
25 喜幸
F
京都大学総合博物館
京都大学
中央食堂 12
体育館
教育学部
第四錦林小
13 レストラン ラ・トゥール
左京区役所
14 カフェレストラン カンフォーラ
精華女子高・中
15 レストランしらん
東山東一条
東大路通
吉田
京大会館
医学部
東山近衛
181
薬学部
聖護院御殿荘
京大病院
ビィヤント 16
32
じんぐうまるたまち
聖護院
河原町丸太町
丸太町通
下御霊神社
東山丸太町
革堂（行願寺）
平安神宮
寺町通
河原町通
京阪鴨東線
新柳木町通
新烏丸通
フジタ
鴨川
東山二条
細見美術館
岡崎公園
二条通
日本銀行
京都国立近代美術館
京都市役所
京都ホテルオークラ
京都文教高・中
きょうとしやくしょまえ
ますや
河原町御池
本能寺
京都ロイヤルホテル&スパ
東山三条
辻留 17
天性寺
さんじょうけいはん
ひがしやま
三条通
矢田寺
三条大橋
さんじょう
三条大橋
河原町三条
京劇会館
新京極通
京極かねよ 23
東大路通
花見小路通
高瀬川
裏寺町通
18 菱岩
縄手通
辰巳大明神
永福寺（蛸薬師堂）
河原町通
木屋町通
先斗町通
巽橋
知恩院
しぐれ茶屋侘助（祇をん店）19
円山公園
20 平野家本家
阪急京都線
四条河原町
四条大橋
祇園
八坂神社
東華菜館（本店）
かわらまち
円山公園枝垂れ桜
南座
祇園喜鳥 22
24 コロナ
きおんしじょう
21 長楽館カフェ
喜幸 25
祇園
至地図J

G
おすすめどころ
26 花もも
27 松屋常盤
28 はふう 本店
29 ギャラリー遊形
30 紙司柿本
31 晦庵河道屋
32 四富会館
33 ガブ飲みワイン 洋彩WARAKU 柳馬場店
34 リストランテ・オルト
35 瓢亭MARU
上京中
交番
ブライトン
中長者町通
ガーデンパレス
中立売署
京都府庁
府警本部
堀川下立売通
椹木町通
第二赤十字病院
大丸ヴィラ
丸太町通
烏丸丸太町
ホテルハーヴェスト 京都
まるたまち
竹屋町通
夷川通
堀川通
東堀川通
油小路通
小川通
西洞院通
釜座通
新町通
衣棚通
室町通
両替町通
烏丸通
車屋町通
東洞院通
間之町通
高倉通
堺町通
柳馬場通
富小路通
麩屋町通
御幸町通
寺町通
二条通
国際
京都全日空ホテル
押小路通
367
38
石薬師御門
寺町通
京都御所
梨木神社
烏丸通
大宮御所
京都御苑
地下鉄烏丸線
丸太町通
下御霊神社
花もも 26
27 松屋常盤
革堂（行願寺）
28 はふう 本店
30 紙司柿本
御池中
烏丸御池
きょうとしやくしょまえ
地下鉄東西線
御池通
堀川御池
ガーデン
からすまおいけ
ギンモンド
俵屋
29 ギャラリー遊形
姉小路通
晦庵河道屋 31
京都文化博物館
西洞院通
三井ガーデン
池坊会館
三条通
富小路通
麩屋町通
寺町通
新京極通
34 リストランテ・オルト
六角堂（頂法寺）
ホテルモントレ京都
六角通
京都通信病院
旧山口銀行 京都支店
蛸薬師通
高倉通
永福寺
（蛸薬師堂）
堀川高
ヴィアイン京都四条室町
京都芸術センター
錦小路通
錦市場
錦天満宮
ホテルマイステイズ 京都四条
35 瓢亭MARU
四条通
からすま
33 ガブ飲みワイン 洋彩WARAKU 柳馬場店
四富会館 32
阪急京都線
かわらまち
四条堀川
コート
四条烏丸
しじょう
神明神社
綾小路通

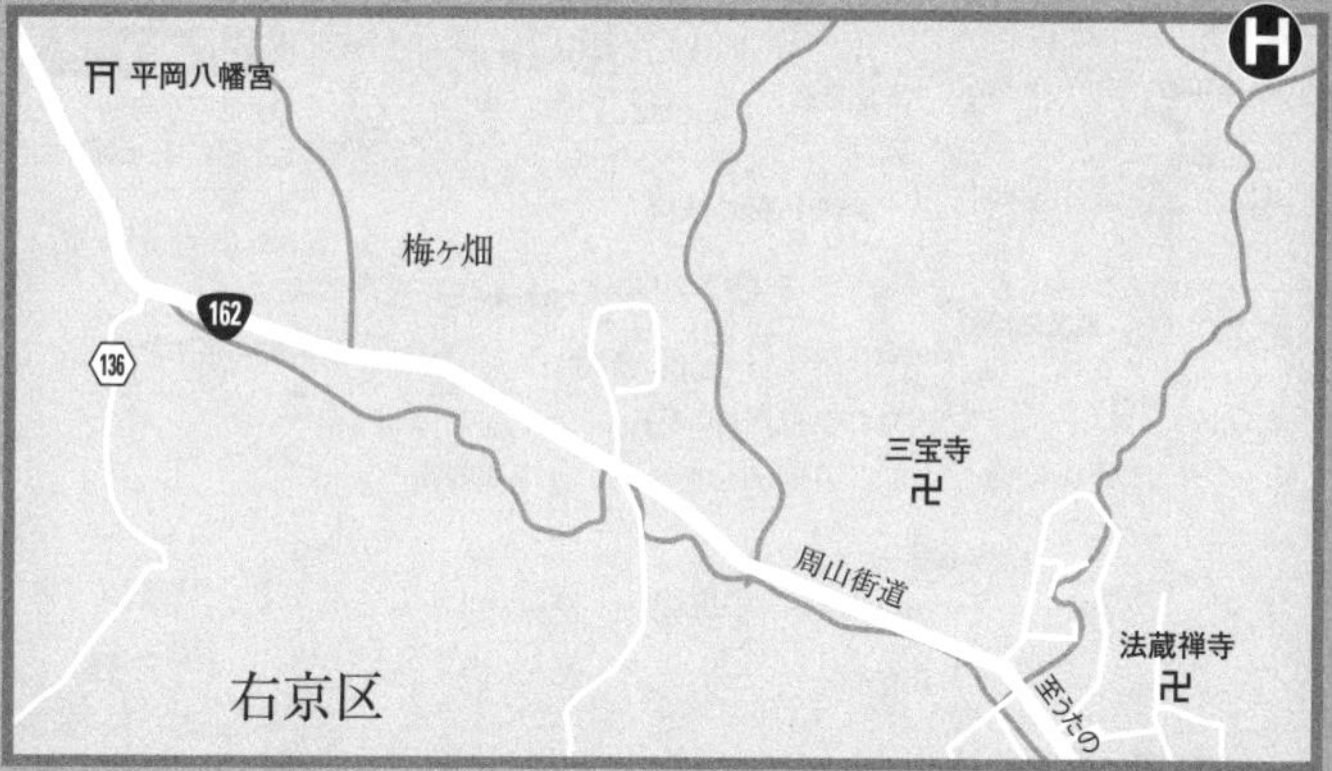
H
平岡八幡宮
梅ヶ畑
162
136
三宝寺
周山街道
法蔵禅寺
右京区
至うたの

I
原谷
おすすめどころ
36 佐近
原谷苑
立命館大
グランド
衣笠
龍安寺
御室
きぬかけの路
29
立命館大学
衣笠キャンパス
竜安寺前
等持院
仁和寺
等持院
周山街道
福王子
御室会館
きぬかけの路
佐近 36
とうじいん
今出川通
うたの
りょうあんじ
嵐電北野線
嵐電北野線
宇多野
おむろにんなじ
みょうしんじ
谷口
一条通
101

J
おすすめどころ
37 下河原阿月
38 建仁寺 祇園丸山
コロナ
喜幸
きおんしじょう
南座
祇園喜鳥
祇園
八坂神社
ホテル長楽館
団栗橋
32
大和大路通
祇園甲部歌舞練場
宮川町通
川端通
木屋町通
高瀬川
建仁寺
37 下河原阿月
圓徳院
高台寺
霊山護国神社
恵美須神社
安井金比羅宮
金比羅絵馬館
新道小
八坂通
松原橋
宮川筋
建仁寺 祇園丸山 38
東山署
六道珍皇寺
八坂の塔
六波羅蜜寺
松原通
きよみずごじょう
あじき路地
ハッピー六原
東山区役所
大黒町
洛東中
143
地主神社
五条大橋
五条通
清水寺
晴鴨楼
東山五条
本町通
問屋町通
方広寺
116
東山閣
豊国神社
1
七条大橋
東山七条
ハイアット
リージェンシー京都
智積院
三十三間堂

K
おすすめどころ
39 大市
嵐電北野線
きたのはくばいちょう
今小路通
101
今出川通
上京署
一条通
一条通
西大路一条
地蔵院
仁和小
中立売通
大将軍
六軒町通
千本通
正親小
仁和寺街道
上長者町通
西大路通
天神通
御前通
下ノ森通
七本松通
大市 39
下長者町通
129
妙心寺道
下立売通
二条城北小
円町
丸太町通
嵯峨野線(山陰本線)
えんまち
朱雀二小
千本丸太町
聚楽廻
民医連中央病院
朱雀六小

L
おすすめどころ
40 リド飲食街
41 京懐石 美濃吉 京都新阪急ホテル店
ヴィアイン京都四条室町
京都芸術センター
錦小路通
錦市場
瓢亭MARU
ガブ飲みワイン 洋彩WARAKU 柳馬場店
四富会館
四条通
からすま
阪急京都線
コート
四条烏丸
しじょう
神明神社
綾小路通
足袋屋町
醒ケ井通
油小路通
からすま
仏光寺通
菅大臣神社
烏丸通
仏光寺
塗師屋町
大宮通
黒門通
猪熊通
岩上通
五条署
高辻通
38
東中筋通
烏丸高辻
平等寺（因幡薬師）
夕顔石碑
松原通
新玉津嶋神社
五條天神宮
西洞院通
若宮通
新町通
小田原町通
室町通
地下鉄烏丸線
不明門通
東洞院通
高倉通
鉄輪の井
万寿寺通
堀川署
リッチ
瑞雲院
堀川五条
烏丸五条
河原町五条
五条通
1
五条大宮
諏訪町通
ごじょう
富小路通
東急
楊梅通
櫛笥通
下松屋通
緑風荘
六条通
367
市比賣神社
旧花屋町通
1
西本願寺
洛兆
東本願寺
24
渉成園
龍谷ミュージアム
龍谷大学 大宮キャンパス
興正寺
七条堀川
40 リド飲食街
七条通
41 京懐石 美濃吉 京都新阪急ホテル店
大宮七条
河原町七条
銀閣
京都 新阪急ホテル
下京区役所
ホテルタワー
きょうと
梅小路公園
リーガロイヤル
ハトヤ瑞鳳閣
伊勢丹
センチュリー
ホテルグランヴィア京都
京都
大宮通
新・都ホテル
ホテル京阪
24
油小路通
東九条
高瀬川
洛南会館
東寺
地下鉄烏丸線
ダイワロイネットホテル 京都八条口
143
九条大宮
とうじ
第一
くじょう
九条河原町
九条油小路
近鉄京都線
115
河原町通

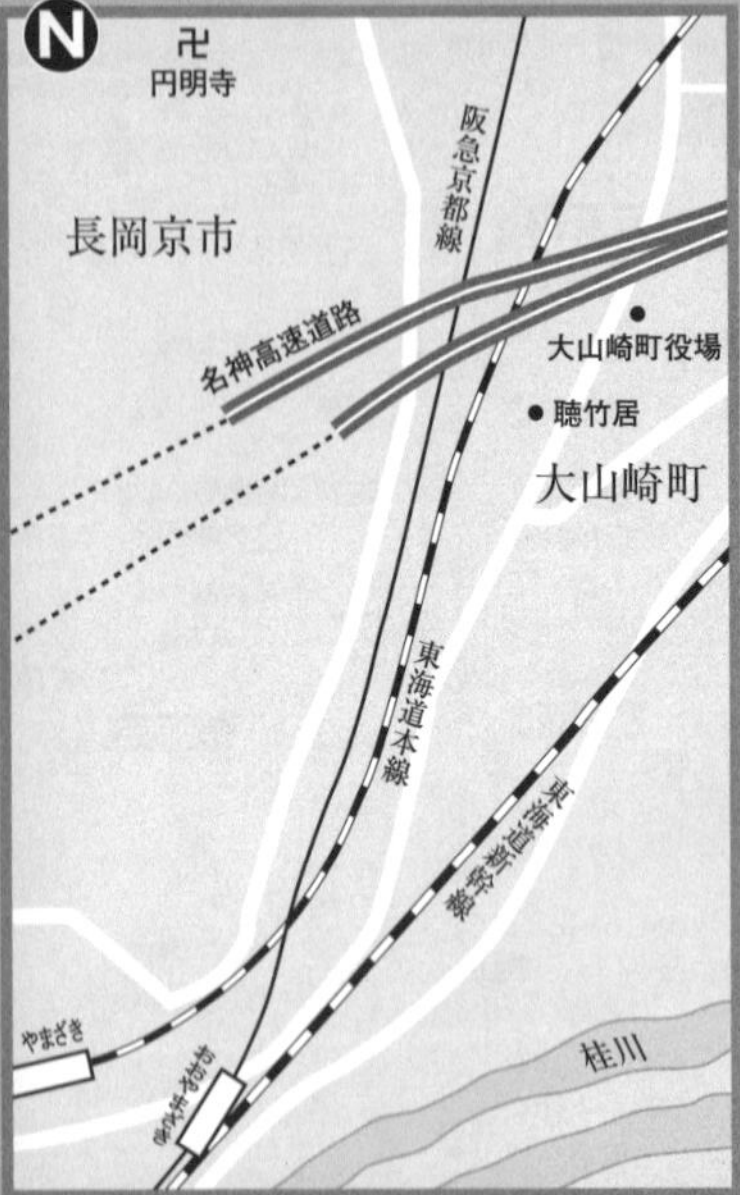
N
円明寺
長岡京市
阪急京都線
名神高速道路
大山崎町役場
聴竹居
大山崎町
東海道本線
東海道新幹線
やまざき
桂川

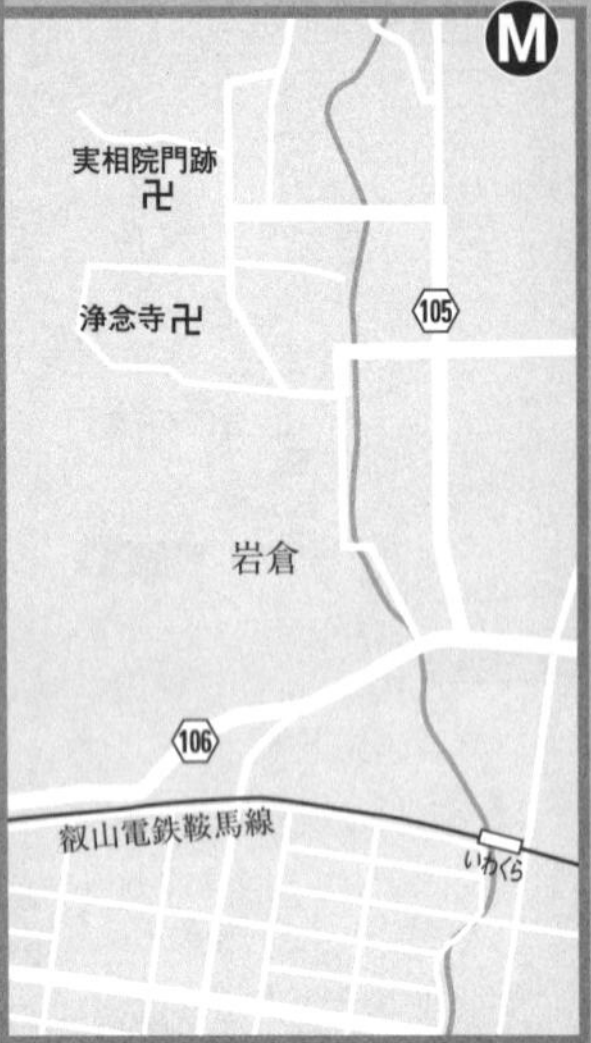
M
実相院門跡
浄念寺
105
岩倉
106
叡山電鉄鞍馬線
いわくら

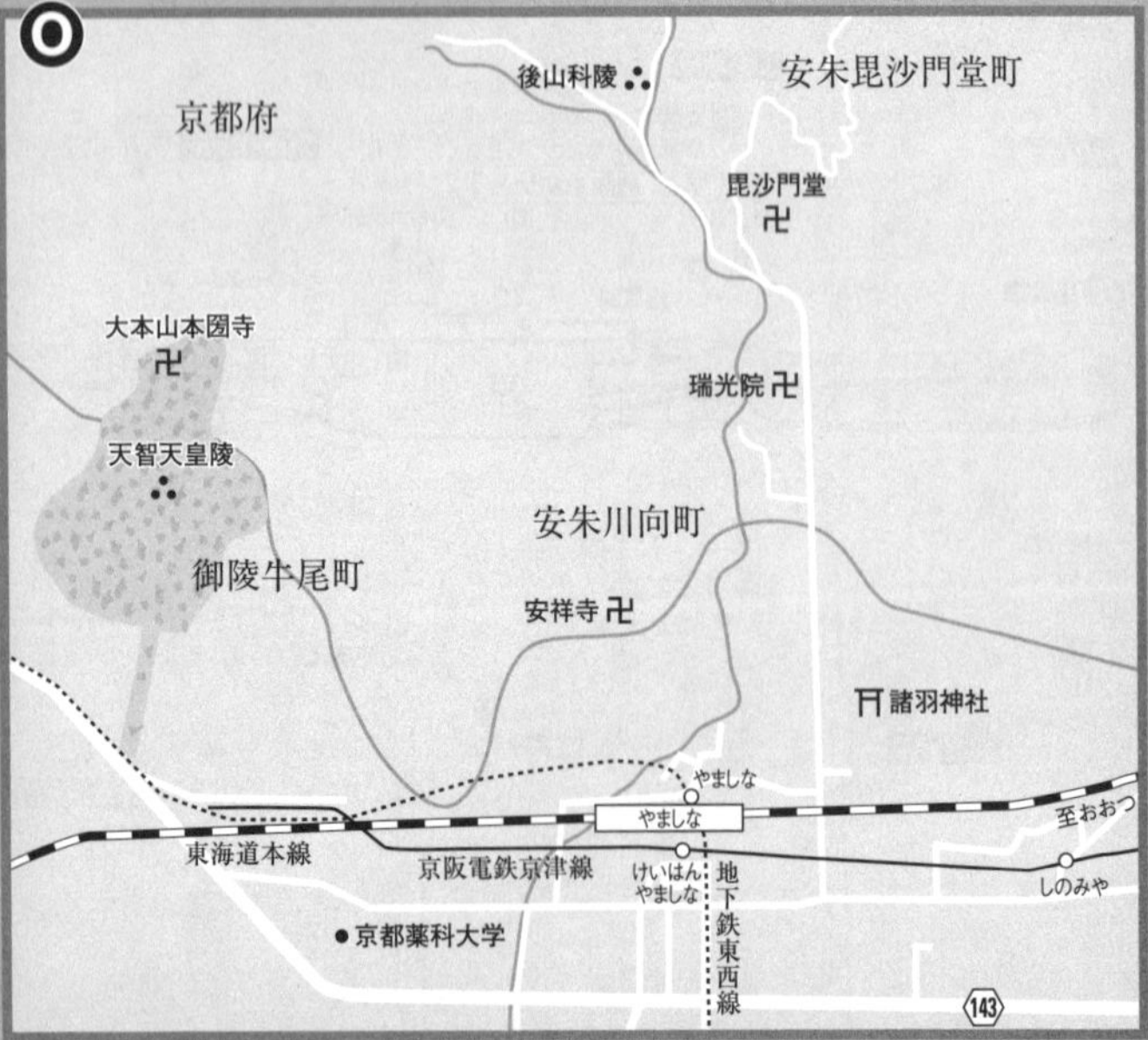
O
後山科陵
安朱毘沙門堂町
京都府
毘沙門堂
大本山本圀寺
瑞光院
天智天皇陵
安朱川向町
御陵牛尾町
安祥寺
諸羽神社
やましな
やましな
至おおつ
東海道本線
京阪電鉄京津線
けいはん
やましな
地下鉄東西線
しのみや
京都薬科大学
143

Q-a
日本海
Honda Cars
間人港
間人小
丹後局
JA
間人公園墓地
GS
昭恋館
よ志のや
178
はーとホール間人
672

Q-b
178
天橋立
与謝の海病院
与謝の海
宮津湾
対橋楼
2
あまのはしだて
北近鉄タンゴ宮津線
天橋立ビューランド
いわたきぐち
178
ワインとお宿 千歳

P
おすすめどころ
42 米満軒
大覚寺
広沢池
嵯峨広沢
米満軒 42
さがあらしやま
トロッコさが
嵯峨野線(山陰本線)
嵐電嵐山線
天龍寺
あらしやま
らんでんさが
ろくおういん
くるまざきじんじゃ
ありすがわ
あらしやま
29
133
桂川
嵐山
29
阪急嵐山線
梅宮大社
まつお

Q
経ケ岬
犬ケ岬
竹野
178
間人
a
丹後琴引温泉
若狭湾
丹後半島
あみの
482
北近畿タンゴ鉄道
みねやま
たんごおおみや
天橋立
成生岬
岩滝
あまのはしだて
由良川
高浜原子力
b
みやづ
178
のだがわ
五色山公園
宮津天橋立IC
たんごゆら
舞鶴港
宮津市
まつのおでら
わかさたかはま
小浜線
27
ひがしまいづる
北近畿タンゴ鉄道
京都縦貫自動車道
にしまいづる
舞鶴東IC
舞鶴若狭自動車道
舞鶴線
舞鶴西IC
舞鶴市

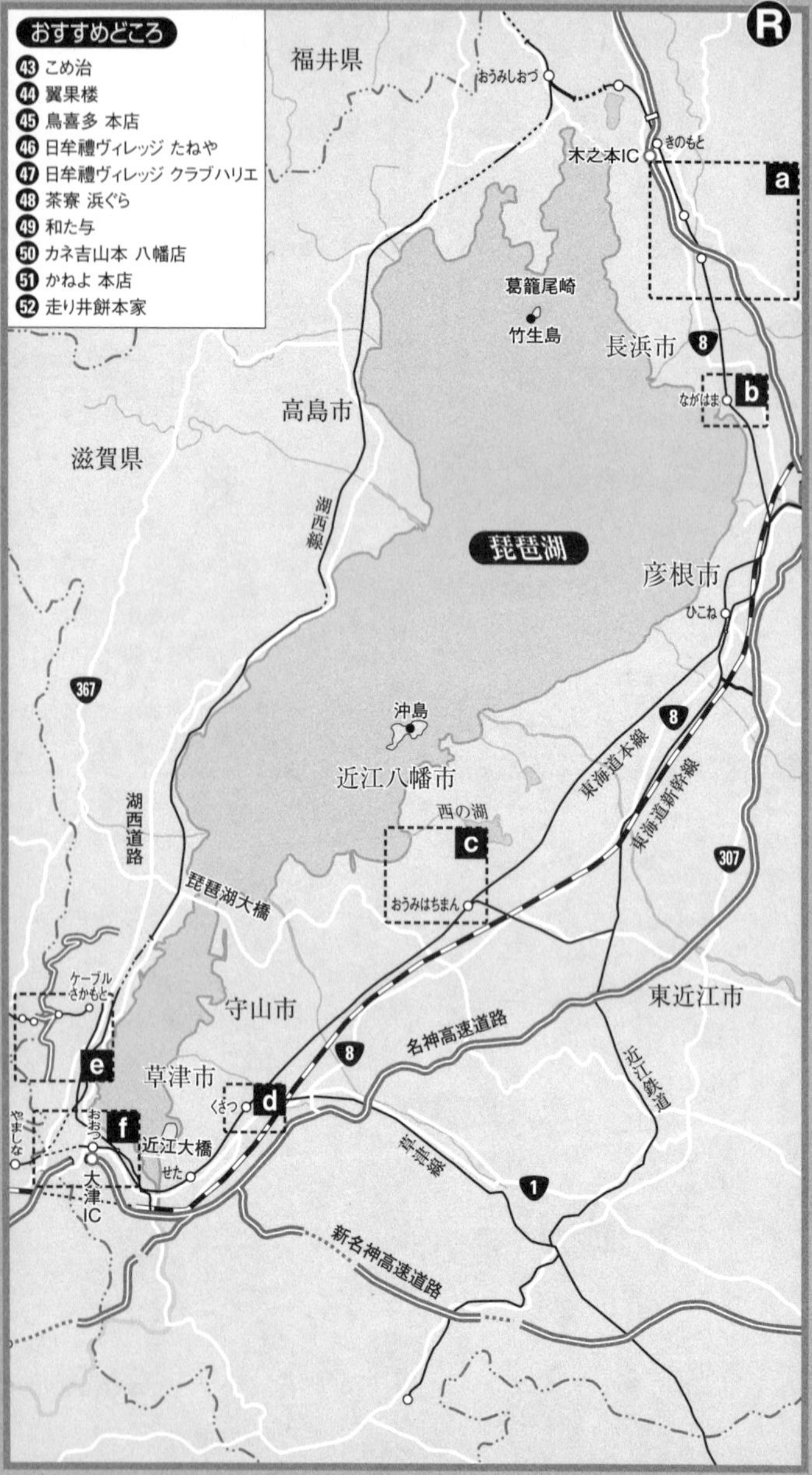
R
おすすめどころ
43 こめ治
44 翼果楼
45 鳥喜多 本店
46 日牟禮ヴィレッジ たねや
47 日牟禮ヴィレッジ クラブハリエ
48 茶寮 浜ぐら
49 和た与
50 カネ吉山本 八幡店
51 かねよ 本店
52 走り井餅本家
福井県
おうみしおづ
きのもと
木之本IC
a
葛籠尾崎
竹生島
長浜市
8
ながはま
b
高島市
滋賀県
湖西線
琵琶湖
彦根市
ひこね
367
沖島
8
東海道本線
東海道新幹線
近江八幡市
西の湖
c
307
湖西道路
琵琶湖大橋
おうみはちまん
ケーブルさかもと
守山市
東近江市
名神高速道路
e
8
草津市
くさつ
d
近江鉄道
やましな
おおつ
f
近江大橋
草津線
せた
大津IC
1
新名神高速道路

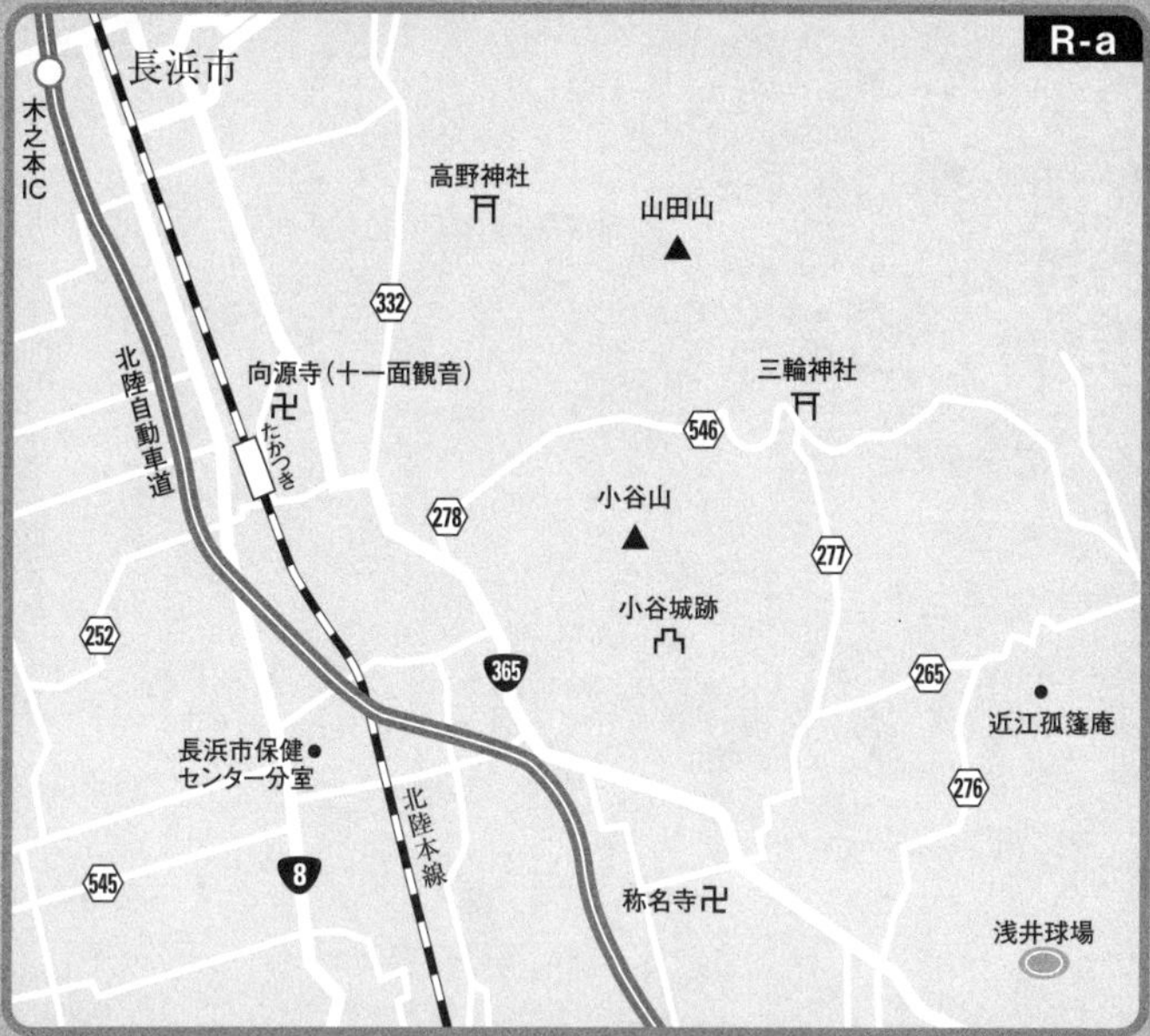
R-a
長浜市
木之本IC
高野神社
山田山
332
北陸自動車道
向源寺（十一面観音）
たかつき
三輪神社
546
278
小谷山
277
252
小谷城跡
365
265
近江孤篷庵
長浜市保健センター分室
北陸本線
276
545
8
称名寺
浅井球場

R-b
大通寺
長浜八幡宮
長浜大宮局
43 こめ治
長浜市役所
大津地方裁判所
509
44 翼果楼
大宮町
45
2
鳥喜多 本店
長浜タワー
旧開知学校
長浜小
ながはま
宗圓寺
長浜城歴史博物館
市立長浜図書館
豊公園
556
北陸本線
長浜朝日局
ヤンマーディーゼル汎用機事業本部長浜工場
大島町
長浜文化芸術会館
成田美術館
H
長浜ロイヤルホテル
琵琶湖汽船観光船のりば
琵琶湖

R-c
薬師町
日牟禮八幡宮
かわらミュージアム
近江兄弟社学園高
47 日牟禮ヴィレッジ クラブハリエ
日牟禮ヴィレッジ たねや 46
茶寮 浜ぐら 48
49 和た与
正福寺
新町
八幡町
50 カネ吉山本 八幡店
八幡商高
GS
出町
駅前大通
近江八幡署
近江八幡市役所
502
桜宮町
東海道本線
市立総合医療センター
おうみはちまん
近江鉄道八日市線

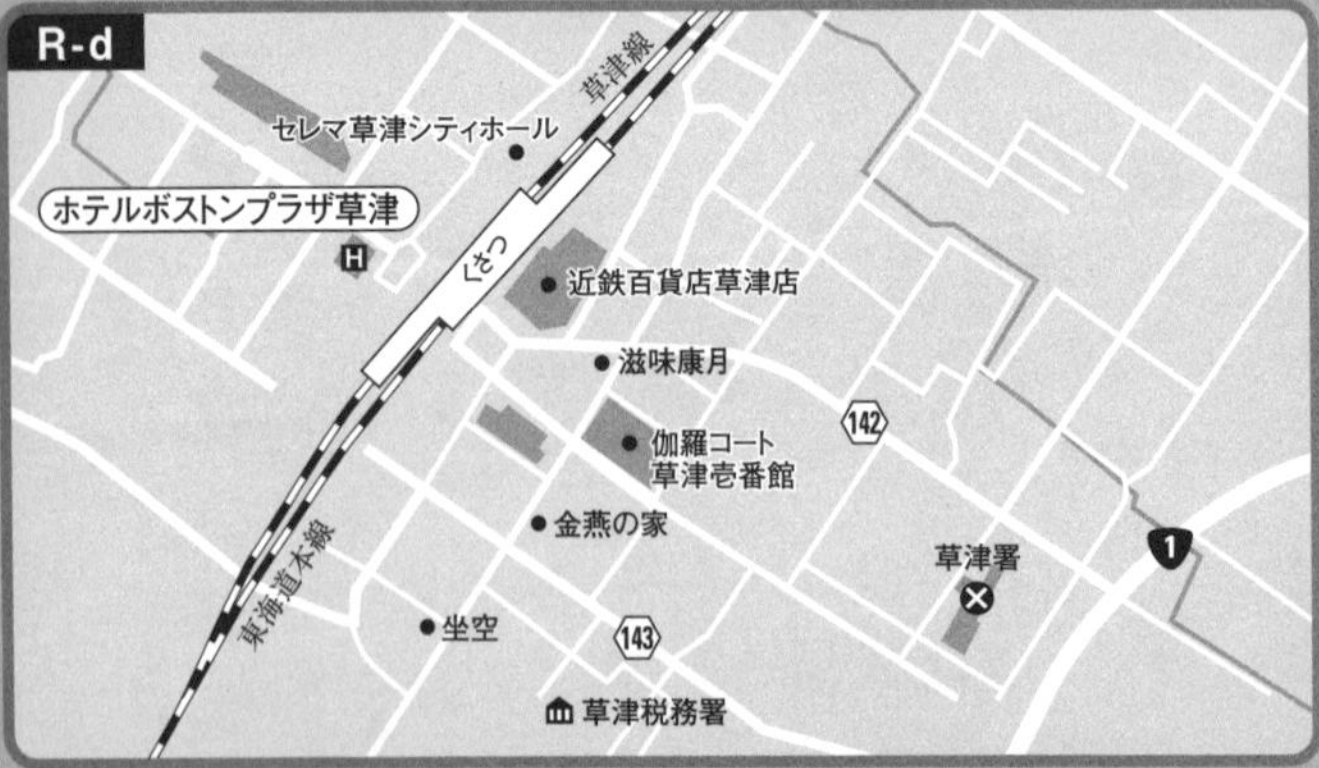
R-d
草津線
セレマ草津シティホール
ホテルボストンプラザ草津
くさつ
近鉄百貨店草津店
滋味康月
142
伽羅コート 草津壱番館
金燕の家
草津署
1
東海道本線
坐空
143
草津税務署

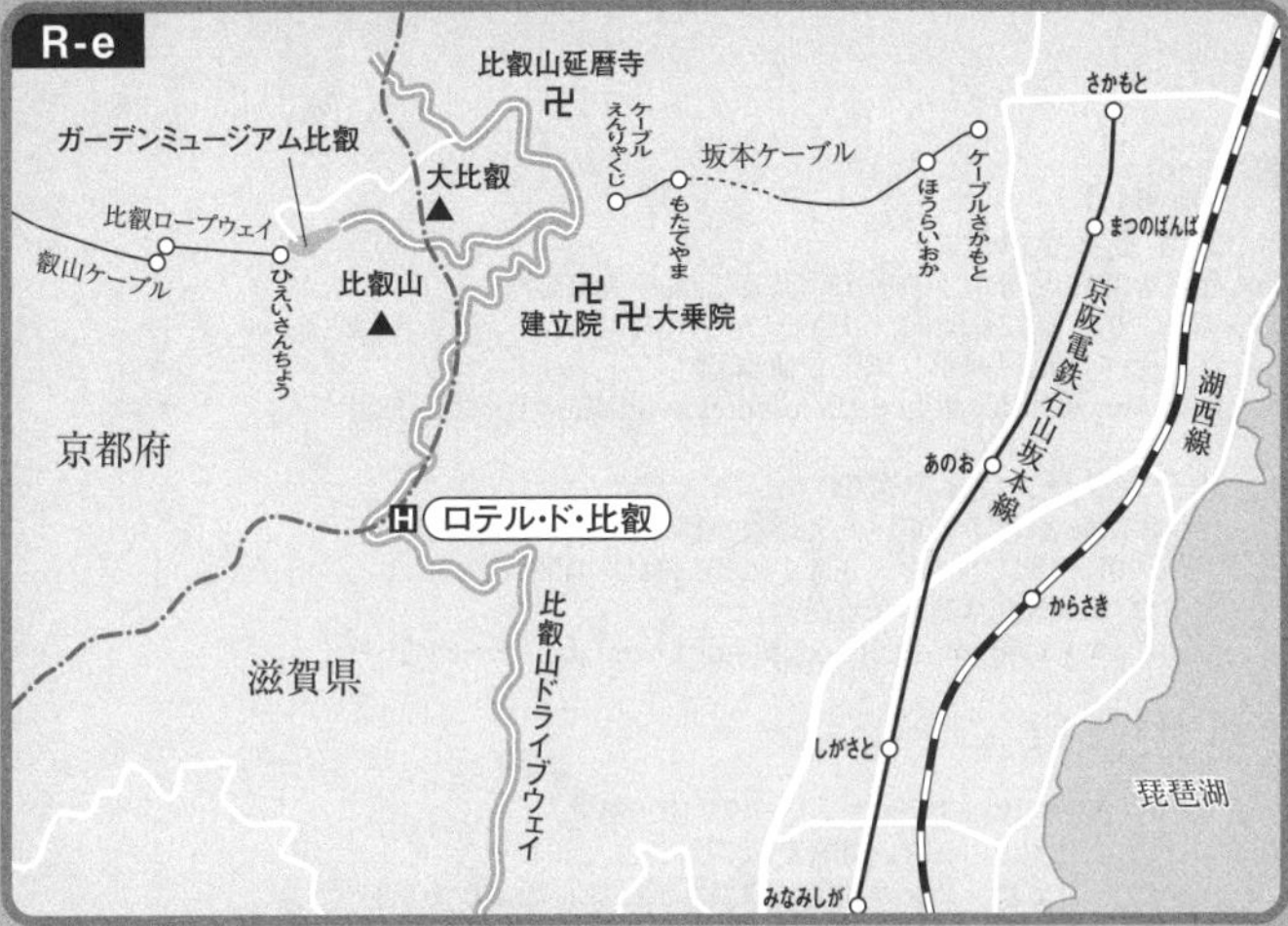
R-e
比叡山延暦寺
ガーデンミュージアム比叡
大比叡
ケーブルえんりゃくじ
坂本ケーブル
さかもと
比叡ロープウェイ
叡山ケーブル
ひえいさんちょう
もたてやま
ほうらいおか
ケーブルさかもと
まつのばんば
比叡山
建立院
大乗院
京阪電鉄石山坂本線
湖西線
京都府
あのお
ロテル・ド・比叡
からさき
比叡山ドライブウェイ
滋賀県
しがさと
琵琶湖
みなみしが

R-f
滋賀県
京阪電鉄石山坂本線
琵琶湖
西大津バイパス
びわこ競艇場
三井寺
湖西線
みいでら
はまおおつ
大津湖岸なぎさ公園
大津赤十字病院
しまのせき
小関天満宮
大津プリンスホテル
喜一堂
大津宿本陣跡
かみさかえまち
いしば
滋賀県庁
関蟬丸神社下社
おおつ
安養寺
けいはんぜぜ
関蟬丸神社上社
にしき
蟬丸神社
弘法大師堂
ぜぜほんまち
至やましな
かねよ 本店 51
おおたに
走り井餅本家 52
143
おいわけ
月心寺
なかのしょう
東海道本線
かわらがはま
名神高速道路
1
あわづ
東海道新幹線

【地図L】
京都 新阪急ホテル
〒600-8216 京都市下京区 JR京都駅烏丸中央口正面
TEL：075（343）5300／FAX：075（343）5324
アクセス：JR「京都」駅より徒歩3分
http://www.hankyu-hotel.com/hotel/kyotoshh/【p.232〜238】

ホテルグランヴィア京都
〒600-8216 京都市下京区烏丸通塩小路下ル JR京都駅中央口
TEL：075（344）8888／FAX：075（344）4400
アクセス：JR「京都」駅直結
http://www.granvia-kyoto.co.jp/index.html【p.238〜241】

【地図Q－b】
対橋楼
〒626-0001 宮津市文珠471（天の橋立回旋橋畔）
TEL：0772（22）2101／FAX：0772（22）2104
アクセス：北近畿タンゴ鉄道宮津線「天橋立」駅より徒歩3分
http://www.taikyourou.com/【p.253】

ワインとお宿 千歳
〒626-0001 宮津市文珠472
TEL：0772（22）3268／FAX：0772（22）3389
アクセス：北近畿タンゴ鉄道宮津線「天橋立」駅より徒歩3分
http://www.amanohashidate.org/chitose/【p.253、256〜258】

【地図R－d】
ホテルボストンプラザ草津
〒525-0037 草津市西大路町1-27
TEL：077（561）3311／FAX：077（561）3322
アクセス：JR「草津」駅よりすぐ
http://www.hotel-bp.co.jp/【p.232】

【地図R－e】
ロテル・ド・比叡
〒606-0000 京都市左京区比叡山一本杉
TEL：075（701）0201／FAX：075（701）0207
アクセス：JR「京都」駅または京阪鴨東線「三条」駅より無料送迎バス（予約制）、あるいは京阪バス・京都バス「ロテル・ド・比叡」下車
http://www.hotel-hiei.jp/【p.250〜252】

【地図R－f】
大津プリンスホテル
〒520-8520 大津市におの浜4-7-7
TEL：077（521）1111／FAX：077（521）1110
アクセス：JR「大津」駅より無料シャトルバス10分
http://www.princehotels.co.jp/otsu/【p.247〜250】

㊿カネ吉山本 八幡店
〒523-0866 近江八幡市為心町上30
TEL：0748（32）3216
営業時間：9:00～19:00　定休日：水曜
アクセス：JR「近江八幡」駅よりバス「大杉町」下車、徒歩3分
http://www.oumigyuu.co.jp/【p.174～175】

【地図R－f】
(51)かねよ 本店
〒520-0062 大津市大谷町23-15
TEL：077（524）2222／FAX：077（522）6152
営業時間：11:00～20:00　定休日：木曜
アクセス：京阪京津線「大谷」駅よりすぐ、またはJR「大津」駅よりタクシー10分
http://www.kaneyo.in/【p.189～192】

(52)走り井餅本家
〒520-0063 大津市横木1-3-3
TEL：077（528）2121／FAX：077（527）5055
営業時間：9:00～18:00　年中無休
アクセス：京阪京津線「追分」駅より徒歩5分
http://www.hashiriimochi.co.jp/【p.194】

■本書に登場する主な宿リスト（地図ごと）
【地図F】
京都ホテルオークラ
〒604-8558 京都市中京区河原町御池
TEL：075（211）5111／FAX：075（254）2529
アクセス：地下鉄東西線「京都市役所前」駅直結
http://okura.kyotohotel.co.jp/【p.242～247】

【地図G】
京都全日空ホテル
〒604-0055 京都市中京区堀川通二条城前
TEL：075（231）1155／FAX：075（231）5333
アクセス：地下鉄東西線「二条城前」駅より徒歩1分
http://www.ana-hkyoto.com/【p.232】

【地図I】
御室会館
〒616-8092 京都市右京区御室大内33
TEL：075（464）3664／FAX：075（464）3665
食堂営業時間：食事11:00～15:00、喫茶10:30～16:00（年末年始休業）
アクセス：京福北野線「御室仁和寺」駅下車、徒歩2分など（『仁和寺』内）
http://www.ninnaji.or.jp/syukubou/index.htm【p.96～97】

【地図R－b】

㊸こめ治

〒526-0054 長浜市大宮町9-5
TEL：0749（62）0463／FAX：0749（62）4463
営業時間：10:00～18:30　定休日：月曜（祝日の場合は営業）
アクセス：JR「長浜」駅より徒歩5分　【p.167～168】

㊹翼果楼

〒526-0059 長浜市元浜町7-8
TEL：0749（63）3663／FAX：0749（63）4020
営業時間：11:00～売切れ次第終了
アクセス：JR「長浜」駅より徒歩3分
http://yokarou.com/【p.164】

㊺鳥喜多 本店

〒526-0059 長浜市元浜町8-26
TEL/FAX：0749（62）1964
営業時間：11:30～14:00、16:30～19:00　定休日：火曜
アクセス：JR「長浜」駅より徒歩3分　【p.164】

【地図R－c】

㊻近江八幡日牟禮ヴィレッジ たねや

〒523-8558 近江八幡市宮内町日牟禮ヴィレッジ
TEL：0748（33）4444
日牟禮茶屋営業時間：食事：11：00～18：00（LO15：00）、甘味9：00～18：00（LO17：00）　年中無休
アクセス：「近江八幡」駅よりバス「長命寺」行きにて「大杉町」下車
http://taneya.jp/himure/index.html【p.173】

㊼近江八幡日牟禮ヴィレッジ クラブハリエ

TEL：0748（33）3333
日牟禮カフェ営業時間：9：00～18：00（LO17:00）　年中無休
アクセス：「近江八幡」駅よりバス「長命寺」行きにて「大杉町」下車
http://taneya.jp/himure/index.html【p.173】

㊽茶寮 浜ぐら

〒523-0837 近江八幡市大杉町24
TEL：0748（32）5533
営業時間：10：00～17：00　定休日：水曜（祝日の場合はその翌日）
アクセス：JR「近江八幡」駅よりバス「新町」下車、徒歩2分　【p.174】

㊾和た与

〒523-0872 近江八幡市玉木町2-3
TEL：0748（32）2610／FAX：0748（32）2619
営業時間：8:30～18:30　定休日：火曜
アクセス：JR「近江八幡」駅よりバス「大杉町」下車、徒歩
http://www.watayo.com/【p.175】

り徒歩2分
http://www.sakon-kyoto.com/【p.98】

【地図J】
㊲下河原阿月
〒605-0822 京都市東山区祇園下河原上弁天町428
TEL：075（561）3977
営業時間：9:00〜17:30（売切れの場合あり）
定休日：水曜（不定休で連休あり）
アクセス：市バス「東山安井」下車、徒歩5分、または京阪本線「祇園四条」駅より徒歩9分　【p.201】

㊳建仁寺 祇園丸山
〒605-0811 京都市東山区小松町566-15（建仁寺南側）
TEL：075（561）9990／FAX：075（561）9991　※要予約
営業時間：11:00〜14:00、17:00〜21:00　不定休（基本的に木曜休）
アクセス：市バス「清水道」下車、徒歩5分、または京阪本線「祇園四条」駅より徒歩15分
http://www.gionmaruyama.com/【p.110〜112】

【地図K】
㊴大市
〒602-8351 京都市上京区下長者町通千本西入ル六番町364
TEL：075（461）1775／FAX：075（461）0323　※要予約
営業時間：12:00〜14:00、17:00〜21:00　定休日：火曜（変更あり）
アクセス：京福北野線「北野白梅町」駅より徒歩14分
http://www.suppon-daiichi.com/【p.128〜133】

【地図L】
㊵リド飲食街
〒600-8217 京都市下京区七条通烏丸西入ル東境町180
じじばばDOS
営業時間：18:00〜翌1:00　定休日：日曜・祝日
アクセス：JR「京都」駅より徒歩10分　【p.134〜136】

㊶京懐石 美濃吉 京都新阪急ホテル店
〒600-8216 京都市下京区 JR京都駅烏丸中央口正面
TEL：075（343）5327／FAX：075（371）4767
営業時間：7:00〜10:00、11:30〜15:00、11:30〜21:30（LO21:00）
アクセス：JR「京都」駅より徒歩3分
http://www.hankyu-hotel.com/hotel/kyotoshh/restaurant/497/index.html
【p.237〜238】

【地図P】
㊷米満軒
〒616-8422 京都市右京区嵯峨釈迦堂大門町28
TEL：075（861）0803
営業時間：9:00〜18:30　定休日：木曜（11月は不定休）
アクセス：トロッコ「嵯峨」駅より徒歩7分　【p.224〜226】

㉚紙司柿本
〒604-0915 京都市中京区寺町二条上ル常盤木町54
TEL：075（211）3481／FAX：075（211）5674
営業時間：平日9:00〜18:00、日曜・祝日9:00〜18:00　定休日：お盆、年末年始
http://www.e385.net/kamiji/【p.229】

㉛晦庵河道屋
〒604-8085 京都市中京区麩屋町通三条上ル
TEL：075（221）2525／FAX：075（231）8507
営業時間：11:00〜20:00　定休日：木曜（祝日の場合は前後に振替あり）
アクセス：地下鉄東西線「京都市役所前」駅より徒歩4分、または地下鉄烏丸線「烏丸御池」駅より徒歩10分
http://www.kawamichiya.co.jp/soba/index.htm【p.113〜114】

㉜四富会館
〒604-8054 京都市中京区富小路通四条上ル西大文字町615
TEL：075（211）8533
シクロカフェ
営業時間：20:00〜翌2:00　定休日：日曜
アクセス：阪急京都線「河原町」駅より徒歩4分　【p.134〜136】

㉝ガブ飲みワイン 洋彩ＷＡＲＡＫＵ 柳馬場店
〒604-8122 京都市中京区柳馬場四条上ル瀬戸屋町470-2
TEL：075（212）9896／FAX：075（212）9896
営業時間：11:30〜14:00（LO）、17:30〜24:00（LO23:30）　定休日：木曜
アクセス：阪急京都線「烏丸」駅、または地下鉄烏丸線「四条」駅より徒歩5分
http://www.kyoto-waraku.com/（本店などを中心としたHP）【p.114〜116】

㉞リストランテ・オルト
〒604-8205 京都市中京区衣棚通三条下ル三条町337-2
TEL/FAX：075（212）1166
営業時間：12:00〜14:00（LO）、18:00〜21:00（LO）
定休日：火曜（祝日の場合は振替で別日）、夏季休暇、冬季休暇
アクセス：地下鉄烏丸線・東西線「烏丸御池」駅より徒歩8分
http://www.ristorante-orto.jp/【p.126〜128】

㉟瓢亭ＭＡＲＵ
〒604-8222 京都市中京区室町新町の間四条上ル観音堂町4 四条烏丸ビル1F
TEL：075（241）0345
営業時間：17:30〜23:00（LO22:30）　定休日：月曜（不定休）
アクセス：阪急京都線「烏丸」駅より徒歩2分　【p.144〜146】

【地図Ⅰ】
㊱佐近
〒616-8094 京都市右京区御室小松野町25-37
TEL：075（463）5582／FAX：075（464）2093
営業時間：11:30〜14:30（LO）、17:00〜20:30（LO）
定休日：水曜（祝日の場合は営業）
アクセス：市バス「御室仁和寺前」下車、徒歩1分、または「御室仁和寺」駅よ

特定日を除く）　年中無休
アクセス：市バス「河原町三条」下車、徒歩２分、または地下鉄東西線「京都市役所前」より徒歩５分など
http://www.kyogokukaneyo.co.jp/【p.192】

㉔コロナ
〒600-8019 京都市下京区西木屋町通四条下ル船頭町201
TEL：075（351）0567
営業時間：17:00～21:00（LO20:30）　定休日：月曜・火曜
アクセス：阪急京都線「河原町」駅より徒歩3分、または京阪本線「祇園四条」駅より徒歩2分　【p.138～139】

㉕喜幸
〒600-8019 京都市下京区西木屋町通四条下ル船頭町202
TEL：075（351）7856
営業時間：17:00～22:00　定休日：月曜・火曜
アクセス：京阪本線「祇園四条」駅より徒歩2分　【p.141～144】

【地図G】
㉖花もも
〒604-0986 京都市中京区丸太町麩屋町西入ル昆布屋町398
TEL/FAX：075（212）7787
営業時間：11:00～14:30（LO）、17:30～20:00（LO）
定休日：日曜夜・月曜（祝日の場合は営業）
アクセス：地下鉄烏丸線「丸太町」駅より徒歩10分など
http://www.adc-net.jp/hanamomo/【p.210～212】

㉗松屋常盤
〒604-0802 京都市中京区堺町通丸太町下ル橘町83
TEL/FAX：075（231）2884
営業時間：9:00～17:00　定休日：年始
アクセス：地下鉄烏丸線「丸太町」駅より徒歩5分　【p.209～210】

㉘はふう 本店
〒604-0983 京都市中京区麩屋町通夷川上ル笹屋町471-1
TEL：075（257）1581／FAX：075（257）1582
営業時間：11:30～13:30（LO）、17:30～21:30（LO）
定休日：水曜（祝日の場合は営業）
アクセス：地下鉄東西線「京都市役所前」駅より徒歩5分
http://www.hafuu.com/【p.140～141】

㉙ギャラリー遊形
〒604-8092 京都市中京区姉小路通麩屋町東入ル
TEL：075（257）6880
営業時間：10:00～19:00
定休日：第1・3火曜（祝日の場合は営業、4～5月・10～11月は無休）
アクセス：地下鉄東西線「京都市役所前」駅より徒歩5分　【p.228】

TEL：075（751）7415
営業時間：金曜以外11:00〜22:30（LO22:15）、金曜11:00〜15:00　年中無休
アクセス：市バス「熊野神社前」下車、徒歩2分、または京阪鴨東線「神宮丸太町」駅より徒歩8分　【p.146〜148】

⑰辻留
〒605-0005 京都市東山区三条大橋東三丁目
TEL：075（771）1718
予約受付：9:00〜18:00　年中無休
アクセス：地下鉄東西線「三条京阪」駅より徒歩3分　【p.122〜124、126】

⑱菱岩
〒605-0088 京都市東山区新門前大和大路東入ル西之町213
TEL：075（561）0413（予約は前日まで）
営業時間：11:00〜20:00　定休日：日曜・最終月曜
アクセス：京阪鴨東線「三条」駅より徒歩7分　【p.122、124〜126】

⑲しぐれ茶屋侘助（祇をん店）
〒605-0000 京都市東山区祇園白川通縄手東入ル
TEL：075（531）5175
営業時間：17:00〜23:00　年中無休
アクセス：京阪本線「祇園四条」駅より徒歩5分
http://www.yagenbori.co.jp/tenpo/wabisuke_k/index.html【p.215】

⑳平野家本家
〒605-0071 京都市東山区祇園円山公園内
TEL：075（525）0026／FAX：075（531）3232
営業時間：11:00〜20:30（LO20:00）　年中無休
アクセス：市バス「祇園」下車、徒歩5分、または京阪本線「祇園四条」駅より徒歩10分
http://www.imobou.com/【p.202〜205】

㉑長楽館カフェ
〒605-0071 京都市東山区祇園円山公園
TEL：075（561）0001／FAX：075（561）0006
営業時間：10:00〜21:00（LO20:30）　年中無休
アクセス：京阪本線「祇園四条」駅より徒歩10分など
http://www.chourakukan.co.jp/【p.201】

㉒祇園 喜鳥
〒605-0074 京都市東山区祇園町南側572-9
TEL：075（525）1203
営業時間：12:00〜14:30（LO14:00）、17:30〜22:00（LO21:30）　定休日：火曜
アクセス：京阪本線「祇園四条」駅より徒歩3分　【p.133〜134】

㉓京極かねよ
〒604-8034 京都市中京区六角通新京極東入ル松ヶ枝町456
TEL：075（221）0669／FAX：075（221）2020
営業時間：11:30〜20:30（LO20:00）※平日ランチタイム11:30〜14:00（日・祝・

⑨中国料理 楼蘭
〒603-8451 京都市北区衣笠鏡石町47
TEL：075（491）5101／FAX：075（495）2089（しょうざん代表）
営業時間：月～金11:30～14:30（LO）、17:30～21:00（LO20:00）、土・日・祝11:30～21:00（LO20:00）　年中無休
アクセス：市バス「土天井町」下車、徒歩1分
http://www.shozan.co.jp/【p.85】

⑩衣笠の屋台うどん
※移動販売のため、お店の情報は掲載しておりません。【p.116～120】

⑪権太呂 金閣寺店
〒603-8365 京都市北区平野宮敷町26
TEL：075（463）1039
営業時間：11:00～21:00（21:30閉店）　定休日：水曜
アクセス：市バス「金閣寺前」下車、徒歩4分
http://gontaro.co.jp/kyoto/kinkakuji.html【p.88～89】

【地図F】
⑫中央食堂（京都大学内）
〒606-8501 京都市左京区吉田本町工学部8号館地下1F（本部構内）
TEL：075（752）0832／FAX：075（752）3631
営業時間：平日8:00～21:00、土曜11:00～14:00　定休日：日曜・祝日
アクセス：市バス「京大正門前」下車、徒歩5分　【p.30】

⑬レストラン ラ・トゥール
〒606-8501 京都市左京区吉田本町 京都大学時計台記念館1F（本部構内）
TEL：075（753）7623／FAX：075（753）7624
営業時間：11:00～15:00、17:00～22:00　年中無休
アクセス：市バス「京大正門前」下車、徒歩3分
http://www.madoi-co.com/food/la-tour/【p.31～32】

⑭カフェレストラン カンフォーラ
〒606-8501 京都市左京区吉田本町 京都大学正門前（本部構内）
TEL：075（753）7628／FAX：075（753）7629
営業時間：平日9:00～22:00（LO21:30、ランチ11:00～14:00、ディナー17:00～22:00）、土・日・祝11:00～15:30（LO15:00）　定休日：年末年始
アクセス：市バス「京大正門前」下車すぐ
http://www.s-coop.net/shop_info/yoshida_head/camphora/【p.30～31】

⑮レストランしらん
〒606-8302 京都市左京区吉田牛ノ宮町11-1
TEL：075（752）1027
営業時間：11:30～21:00（LO20:30）　定休日：日曜・祝日
アクセス：市バス「京大正門前」下車、徒歩2分
http://www.brightonhotels.co.jp/kyoto/k-rst-shiran.htm/【p.33】

⑯ビィヤント
〒606-8391 京都市左京区東大路通丸太町上ル東側聖護院西町12

構内 KIT HOUSE 1F
TEL：075（781）5359
営業時間：平日8:15〜20:30、土曜11:30〜14:00　定休日：日曜・祝日
アクセス：地下鉄烏丸線「松ヶ崎」駅より徒歩8分　【p.39】

③食堂アルス
〒606-8585 京都市左京区松ヶ崎橋上町 京都工芸繊維大学松ヶ崎キャンパス西部構内 大学会館1F
TEL：075（781）5359
営業時間：平日11:00〜15:00　定休日：土曜・日曜・祝日
アクセス：地下鉄烏丸線「松ヶ崎」駅より徒歩8分　【p.39】

④蕪庵
〒606-0815 京都市左京区下鴨膳部町92
TEL：075（781）1016
営業時間：12:00〜21:00（LO20:30、19:30までに入店が望ましい）
定休日：水曜、年末年始
アクセス：市バス「洛北高校前」または「下鴨東本町」下車、徒歩5分
http://www.kyoto-r.com/s/buan.html 【p.120〜122】

【地図C】
⑤うたかた
〒603-8208 京都市北区紫竹西桃ノ本町53
TEL：075（495）3344
営業時間：17:30〜23:00　不定休
アクセス：地下鉄烏丸線「北大路」駅より徒歩15分　【p.136〜137】

⑥紫野源水
〒603-8167 京都市北区小山西大野町78-1
TEL：075（451）8857
営業時間：9:30〜18:30　定休日：日曜・祝日
アクセス：地下鉄烏丸線「北大路」駅より徒歩7分　【p.226〜227】

【地図D】
⑦松野醤油
〒603-8465 京都市北区鷹峯土天井町21
TEL：075（492）2984
営業時間：9:00〜18:00　定休日：12月30日〜1月5日
アクセス：市バス「土天井町」下車すぐ
http://www.matsunoshouyu.co.jp/ 【p.84】

⑧とり料理 わかどり
〒603-8451 京都市北区衣笠鏡石町47
TEL：075（491）5101／FAX：075（495）2089（しょうざん代表）
営業時間：17:00〜21:30、土・日・祝のみランチ営業12:00〜14:30（LO14:00）あり　年中無休
アクセス：市バス「土天井町」下車、徒歩1分
http://www.shozan.co.jp/ 【p.86〜87】

本書で主に紹介した寺社・店舗・宿リスト

蝉丸神社
〒520-0062 大津市大谷町23-11
問い合わせTEL：077（523）1234（大津市観光振興課・代表）
アクセス：JR「大津」駅より徒歩40分 【p.182】

安養寺
〒520-0054 大津市逢坂1-8-11
TEL：077（522）8734 ※立聞観音拝観の際には事前に連絡を
アクセス：JR「大津」駅より徒歩10分 【p.184～185】

三井寺
〒520-0036 大津市園城寺町246
TEL：077（522）2238
拝観時間：8:00～17:00 拝観料：大人500円、中高生300円、小学生200円
アクセス：JR「大津」駅より京阪バス「三井寺」下車すぐ、または京阪石山坂本線「三井寺」駅より徒歩10分
http://www.shiga-miidera.or.jp/【p.187】

小関天満宮
〒520-0035 大津市小関町7-5
TEL：077（511）2090
アクセス：京阪「浜大津」駅より徒歩10分 【p.187】

喜一堂
小関越えルート上（山頂近く）、給水タンクの向かい 【p.187～188】

弘法大師堂
〒520-0054 大津市逢坂1
アクセス：JR「大津」駅より徒歩30分 【p.189】

月心寺
〒520-0062 大津市大谷町27-9
TEL：077（524）3421 ※精進料理は10名以上で要予約
拝観時間：日の出より日没まで ※拝観には要連絡
アクセス：京阪京津線「大谷」駅より徒歩5分 【p.72、192～194】

■本書に登場する主な店舗リスト
【地図A】
①三友居
〒606-8266 京都市左京区北白川久保田町22-1
TEL：075（781）8600
予約受付：9:00～18:00（要予約） 定休日：水曜
アクセス：叡山電鉄「元田中」駅より徒歩15分、または市バス「銀閣寺道」下車すぐ 【p.122、125～126】

【地図B】
②カフェテリア オルタス
〒606-8585 京都市左京区松ヶ崎橋上町 京都工芸繊維大学松ヶ崎キャンパス西部

アクセス：JR北陸本線「河毛駅」より湖北町コミュニティーバス「小谷城址口」下車　【p.163】

【地図R－b】
豊公園
〒526-0065 長浜市公園町
入園料：なし（長浜城歴史博物館は入館料が必要）
問い合わせTEL：0749（65）6541（長浜市 都市計画課）
アクセス：JR「長浜」駅より徒歩5分　【p.164】

長浜タワー
〒526-0059 長浜市元浜町
アクセス：JR「長浜」駅より徒歩3分　【p.165】

旧開知学校
〒526-0059 長浜市元浜町2-3
アクセス：JR「長浜」駅より徒歩3分　【p.165～166】

大通寺
〒526-0059 長浜市元浜町32-9
TEL：0749（62）0054／FAX：0749（62）0116
拝観時間：9:00～16:30　休み：12月29日～1月4日
拝観料：大人500円、小中学生100円
アクセス：JR「長浜」駅より徒歩10分　【p.166～167】

長浜八幡宮
〒526-0053 長浜市宮前町13-55
TEL：0749（62）0481／FAX：0749（62）0881
アクセス：JR「長浜」駅より徒歩10分
http://www.biwa.ne.jp/~hatimang/【p.166～167】

【地図R－c】
日牟禮八幡宮
〒523-0828 近江八幡市宮内町257
TEL：0748（32）3151／FAX：0748（32）8665
拝観時間：9:00～17:00
アクセス：「近江八幡」駅よりバス「長命寺」行きにて「大杉町」下車
http://www5d.biglobe.ne.jp/~him8man/【p.173～174】

【地図R－f】
大津宿本陣跡
大津市御幸町
アクセス：JR「大津」駅より徒歩5分　【p.180～181】

関蝉丸神社（上社／下社）
〒520-0054 大津市逢坂1-15-6（下社）
TEL：077（522）6082（下社）
アクセス：JR「大津」駅より徒歩10分（下社）　【p.182～184、189、190】

本書で主に紹介した寺社・店舗・宿リスト

諸羽神社
〒607-8043 京都市山科区四ノ宮中在寺町17
TEL：075（581）0269
アクセス：JR「山科」駅より徒歩10分　【p.188〜189】

天智天皇陵（御廟野古墳）
京都市山科区御陵上御廟野町
問い合わせTEL：075（592）2233（月輪陵墓監区事務所）
アクセス：地下鉄東西線「御陵」駅より徒歩8分　【p.195】

後山科陵
京都市伏見区醍醐古道町
問い合わせTEL：075（601）1863（桃山陵墓監区事務所）
アクセス：京阪バス「醍醐上の山町」下車　【p.195〜196】

【地図P】
梅宮大社
〒615-0921 京都市右京区梅津フケノ川町30
TEL：075（861）2730／FAX：075（861）7593
境内自由（受付は9:00〜16:30）　神苑拝観料：大人500円、中学生以下250円
アクセス：阪急電車嵐山線「松尾」駅より徒歩15分、または市バス「梅ノ宮神社前」下車、徒歩約3分
http://www.umenomiya.or.jp/【p.220〜223】

【地図R】
竹生島
アクセス：観光船「わかあゆ」にて
所要時間：「彦根港」より40分、「マキノプリンスホテル桟橋」より25分、「海津大崎港」より25分
運航期間：3月初旬〜11月は毎日運航、12月〜3月初旬は土曜・日曜・祝日のみ
往復料金：大人2,000円、小学生1,000円（マキノ→竹生島）など
問い合わせTEL：0749（22）0619（びわ湖観光船オーミマリン）
http://www.ohmitetudo.co.jp/marine/【p.176〜178】

沖島
アクセス：JR「近江八幡」駅よりバス「堀切港」下車、「堀切新港」より「沖島通船」にて10分
片道料金：500円【p.111、176】

【地図R－a】
近江孤篷庵
〒526-0264 長浜市上野町135
TEL：0749（74）2116
拝観時間：10:00〜16:00　休み：11月17日　拝観料：300円
アクセス：長浜ICより車で15分【p.168〜172】

小谷城跡
長浜市湖北町伊部
問い合わせTEL：0749（78）8302／FAX：0749（78）1640（湖北支所産業振興課）

TEL：075（343）3311／FAX：075（343）4302
アクセス：JR「京都」駅より徒歩10分
http://www.ryukoku.ac.jp/【p.40～41】

龍谷ミュージアム
〒600-8399 京都市下京区西中筋通正面下ル丸屋町117
TEL：075（351）2500／FAX：075（351）2577
観覧時間：10:00～17:00（入館受付は16:30まで）
休館日：月曜（祝日の場合はその翌日）、その他ミュージアムの定める日
常設展観覧料：一般500円、シニア（65歳以上）400円、大学生400円、高校生300円、中学生以下無料
アクセス：市バス「西本願寺前」下車、徒歩2分
http://museum.ryukoku.ac.jp/【p.39～41】

市比賣神社
〒600-8119 京都市下京区河原町五条下ル一筋目西入ル
TEL：075（361）2775／FAX：075（361）2776
受付時間：7:00～18:00
アクセス：市バス「河原町五条」下車、徒歩3分
http://ichihime.net/【p.14～16】

【地図M】
実相院門跡
〒606-0017 京都市左京区岩倉上蔵町121
TEL：075（781）5464
拝観時間：9:00～17:00　拝観料：大人500円、小中学生250円
アクセス：地下鉄烏丸線「国際会館前」駅、または叡山鞍馬線「岩倉」駅より京都バス「岩倉実相院」下車すぐ
http://www.jissoin.com/【p.43～46】

【地図N】
聴竹居
乙訓郡大山崎町大山崎
見学はメールにて要予約　※詳しい申し込み方法は聴竹居ホームページをご覧ください
アクセス：JR「山崎」駅、または阪急京都線「大山崎」駅より徒歩
http://www.chochikukyo.com/【p.35】

【地図O】
毘沙門堂
〒607-8003 京都市山科区安朱稲荷山町18
TEL：075（581）0328
拝観時間：8:30～17:00
境内無料　※宸殿・晩翠園は、大人500円、高校生400円、小中学生300円
アクセス：JR・地下鉄東西線「山科」駅、または京阪京津線「京阪山科」駅より徒歩20分
http://www.bishamon.or.jp/【p.52、194～196】

本書で主に紹介した寺社・店舗・宿リスト

【地図Ｉ】
原谷苑
〒603-8487 京都市北区大北山原谷乾町36
TEL：075（492）1963
開苑日：3月中旬ごろ予定　開苑時間：9:00〜17:00
入苑料：桜の開花状況により変動
アクセス：地下鉄烏丸線「北大路」駅より市バス「原谷農協前」または「原谷」下車、徒歩2分
http://www.haradanien.com/【p.90〜92】

仁和寺
〒616-8092 京都市右京区御室大内33
TEL：075（461）1155／FAX：075（464）4070
拝観時間：9：00〜17：00（3〜11月、受付は16：30まで）、9：00〜16：30（12〜2月、受付は16：00まで）、境台は7:30ころより可能
桜まつり拝観時間：8:30〜17:00　桜まつり拝観料：大人500円、小中学生200円
※御殿・霊宝館（期間限定）・茶室（5名以上、往復はがきにて申し込み）は別途拝観料あり
アクセス：京福北野線「御室仁和寺」駅下車、徒歩2分など
http://www.ninnaji.or.jp/【p.91、93〜98】

龍安寺
〒616-8001 京都市右京区龍安寺御陵下町13
TEL：075（463）2216／FAX：075（463）2218
拝観時間：8:00〜17:00（３月〜11月）、8:30〜16:30（12月〜2月）
拝観料：大人500円、小中生300円
アクセス：市バス「龍安寺前」下車すぐ、あるいは市バス「立命館大学前」下車、徒歩7分、または京福「龍安寺道」駅より徒歩7分
http://www.ryoanji.jp/【p.98〜101】

【地図Ｊ】
地主神社
〒605-0862 京都市東山区清水1-317
TEL：075（541）2097
拝観時間：9:00〜17:00　拝観料：なし
アクセス：JR「京都」駅より車で15分、または市バス「五条坂」「清水道」下車、徒歩10分
http://www.jishujinja.or.jp/【p.53〜54】

【地図Ｋ】
地蔵院
〒603-8332 京都市北区大将軍川端町
TEL：075（461）1263／FAX：075（467）3550
拝観時間：9:00〜16:00　拝観料：なし
アクセス：市バス「北野白梅町」下車、徒歩5分　【p.106】

【地図Ｌ】
龍谷大学 大宮キャンパス
〒600-8268 京都市下京区七条通大宮東入ル大工町125-1

車、徒歩3分
http://www.emuseum.or.jp/ 【p.254】

円山公園
〒650-0071 京都市東山区円山町
TEL：075（222）3586／FAX：075（212）8704（京都市緑地管理課）
アクセス：京阪本線「祇園四条」駅より徒歩12分 【p.199〜205】

辰己大明神
〒605-0087 京都市東山区新橋花見小路西入ル元吉町
TEL：075（752）0227（京都市観光協会）
アクセス：京阪本線「四条」駅より徒歩10分 【p.212】

東華菜館（本店）
〒600-8012 京都市下京区四条大橋西詰
TEL：075（221）1147／FAX：075（221）1148
アクセス：京阪本線「祇園四条」駅、または阪急京都線「河原町」駅より徒歩すぐ
http://www.tohkasaikan.com/ 【p.35】

【地図G】
京都御苑
〒602-0881 京都市上京区京都御苑3
TEL：075（211）6348／FAX：075（255）6433（管理事務所）
入苑無料、苑内自由
アクセス：地下鉄烏丸線「丸太町」駅より徒歩1分
http://www.env.go.jp/garden/kyotogyoen/ 【p.96、205〜209】

大丸ヴィラ
〒602-8023 京都市上京区烏丸通丸太町上ル春日町
※門内は一般非公開
アクセス：地下鉄烏丸線「丸太町」駅より徒歩2分【p.35】

【地図H】
平岡八幡宮
〒616-8271 京都市右京区梅ヶ畑宮ノ口町23
TEL：075（871）2084
2011年「花の天井」特別拝観：2011年3月11日〜5月15日、9月16日〜11月30日（10月2日・9日は休み）の10:00〜16:00（最終受付15:30ごろ）
特別拝観料：600円（宮司のお話と大福茶接待付き）
アクセス：JRバス「平岡八幡」下車、徒歩3分、またはJR「二条」駅より市バス「平岡八幡前」下車、徒歩3分 【p.75、105〜108】

法蔵禅寺
〒616-8253 京都市右京区鳴滝泉谷町19
TEL/FAX：075（463）4159
※観光寺院ではありませんので、拝観の際にはお問い合わせください。
アクセス：市バス「福王寺」下車、徒歩7分、または京福「宇多野」駅より徒歩8分
http://www11.ocn.ne.jp/~hozo-ji/ 【p.102〜105】

TEL/FAX：075（761）6639
境内自由
アクセス：地下鉄東西線「蹴上」駅より徒歩15分
http://www12.plala.or.jp/himukai/【p.51～55】

安養寺
〒606-8443 京都市左京区粟田口山下町8
TEL：075（771）5339
境内自由
アクセス：地下鉄東西線「蹴上」駅より徒歩10分【p.51～52】

【地図F】
京都大学総合博物館
〒606-8501 京都市左京区吉田本町 京都大学総合博物館
TEL：075（753）3272、3273、3274／FAX：075（753）3277
開館時間：9:30～16:30（入館は16:00まで）
休館日：月曜・火曜（平日・祝日にかかわらず）、年末年始（12月28日～1月4日）
アクセス：市バス「百万遍」下車、徒歩2分
観覧料：大人400円、高大生300円、小中学生200円
http://www.museum.kyoto-u.ac.jp/【p.28～30】

平安神宮
〒606-8341 京都市左京区岡崎西天王町97
TEL：075（761）0221／FAX：075（761）0225
拝観時間：6:00～18:00（3/1～3/14・10/1～10/31は17:30まで、11/1～2/末は17:00まで）
神苑拝観：8:30～17:30（3/1～3/14・10/1～10/31は17:00まで、11/1～2/末は16:30まで）　神苑拝観料：大人600円、小人300円
アクセス：市バス「京都会館・美術館前」下車すぐ、または地下鉄東西線「東山」駅より徒歩10分など
http://www.heianjingu.or.jp/【p.66】

京都国立近代美術館
〒606-8344 京都市左京区岡崎円勝寺町
TEL：075（761）4111
開館時間：9:30～17:00（入館は4:30まで）※夜間開館：9:30～20:00（入館は19:30まで、2011年3月18日～9月2日までの金曜日に開催、5月20日と7月15日を除く）
休館日：月曜（祝日の場合はその翌日）、年末年始　※展示替期間の休館や臨時休館あり　観覧料：展覧会によって異なる
アクセス：市バス「東山二条」または「京都会館美術館前」下車、徒歩5分、または地下鉄東西線「東山」駅より徒歩10分
http://www.momak.go.jp/【p.254】

細見美術館
〒606-8342 京都市左京区岡崎最勝寺町6-3
TEL：075（752）5555／FAX：075（752）5955
開館時間：美術館・ショップ10:00～18:00／茶室11:00～17:00（不定休）／カフェ10:30～18:30（LO18:00）　観覧料：展覧会によって異なる
アクセス：地下鉄東西線「東山」駅より徒歩7分、または市バス「東山二条」下

金戒光明寺
〒606-8331 京都市左京区黒谷町121
TEL：075（771）2204／FAX：075（771）0836
境内自由
アクセス：市バス「東天王町」下車、徒歩15分、または市バス「岡崎道」下車、徒歩10分
http://www.kurodani.jp/【p.66〜68】

真正極楽寺（真如堂）
〒606-8414 京都市左京区浄土寺真如町82
TEL：075（771）0915／FAX：075（771）1823
拝観時間：9:00〜16:00（受付は15:45まで、説明あり）
拝観料：大人500円、高校生300円、中学生200円、小学生無料
アクセス：市バス「錦林車庫前」または「真如堂前」下車、徒歩８分
http://shin-nyo-do.jp/【p.68〜71】

南禅寺
〒606-8435 京都市左京区南禅寺福地町
TEL：075（771）0365
拝観時間：8:40〜16:30（12月〜2月）、8:40〜17:00（3月〜11月）
※年末（12月28日〜31日）は一般の拝観なし
拝観志納金：方丈庭園500円、三門500円、南禅院300円など
アクセス：地下鉄東西線「蹴上」駅より徒歩10分
http://www.nanzen.com/【p.52、55〜64】

金地院
〒606-8435 京都市左京区南禅寺福地町86-12
TEL：075（771）3511
拝観時間：8:30〜17:00（12月〜2月は8:30〜16:30）、特別拝観は15:30まで
アクセス：地下鉄東西線「蹴上」駅より徒歩7分　【p.57〜63】

京都市美術館
〒606-8344 京都市左京区岡崎円勝寺町124 岡崎公園内
TEL：075（771）4107／FAX：075（761）0444
開館時間：9:00〜17:00（入場は16:30まで）
休館日：月曜（祝日の場合は開館）、年末年始（12月28日〜1月2日）
観覧料：展覧会によって異なる
アクセス：市バス「京都会館美術館前」下車すぐ
http://www.city.kyoto.jp/bunshi/kmma/【p.254】

蹴上浄水場
〒605-0052 京都市東山区粟田口華頂町3
特別公開：つつじの開花にあわせ、例年ＧＷの数日間
開催時間：9:00〜16:00（入場は15:30まで）
問い合わせTEL：075（672）7810（京都市上下水道局）
アクセス：地下鉄東西線「蹴上」駅より徒歩すぐ【p.50〜51】

日向大神宮
〒607-8491 京都市山科区日ノ岡一切経谷町29

本書で主に紹介した寺社・店舗・宿リスト

アーモスト館（同志社大学今出川キャンパス内）
〒602-8580 京都市上京区今出川通烏丸東入ル
TEL：075（251）3120（同志社大学広報課）
アクセス：地下鉄烏丸線「今出川」駅より徒歩1分
http://www.doshisha.ac.jp/japanese/（同志社大学HP）【p.35～36】

【地図D】
常照寺
〒603-8468 京都市北区鷹峯北鷹峯町1
TEL：075（492）6775
拝観時間：9:00～17:00　拝観料：300円
アクセス：地下鉄烏丸線「北大路」駅より市バス「鷹峯源光庵前」下車、徒歩3分
【p.76～82】

源光庵
〒603-8468 京都市北区鷹峯北鷹峯町47
TEL：075（492）1858／FAX：075（493）5646
拝観時間：9:00～17:00　拝観料：大人400円、小学生200円
アクセス：地下鉄烏丸線「北大路」駅より市バス「鷹峯源光庵前」下車すぐ
【p.82】

光悦寺
〒603-8466 京都市北区鷹峯光悦町29
TEL：075（491）1399
拝観時間：8:00～17:00　拝観料：大人300円、小学生以下無料
アクセス：地下鉄烏丸線「北大路」駅より市バス「鷹峯源光庵前」下車、徒歩2分
【p.81、83～84】

しょうざん光悦芸術村
〒603-8451 京都市北区衣笠鏡石町47
TEL：075（491）5101／FAX：075（495）2089（代表）
庭園開園時間：9:00～17:00　入園料：一般480円
アクセス：地下鉄烏丸線「北大路」駅より徒歩10分、または市バス「土天井町」下車すぐ
http://www.shozan.co.jp/【p.84～88】

【地図E】
京都市動物園
〒606-8333 京都市左京区岡崎法勝寺町 岡崎公園内
TEL：075（771）0210／FAX：075（752）1974
開園時間：9:00～17:00（3月～11月）、9:00～16:30（12月～2月）※入園及び東門の利用は閉園の30分前まで
休園日：月曜（祝日の場合はその翌日）、年末年始（12月28日～1月1日）
入園料：大人600円、中学生以下無料
アクセス：市バス「動物園前」下車すぐ、または地下鉄東西線「蹴上」駅より徒歩5分
http://www5.city.kyoto.jp/zoo/【p.64～65】

本書で主に紹介した寺社・店舗・宿リスト

※掲載しているお店の営業時間、寺社の拝観時間・拝観料等の情報は変動する可能性があります。詳しくは各店、各寺社にお問い合わせください。特に大学内の食堂等は、大学の長期休業に合わせて休業となる場合もあります。
※ページ数は本文中掲載ページです。
※地図はp.266〜p.283に掲載していますので、ご参照ください。

■本書に登場する主な寺社・観光スポットリスト

【地図A】
駒井家住宅
〒606-8256 京都市左京区北白川伊織町64
TEL/FAX：075（724）3115
公開日：金曜・土曜のみ　公開時間：10:00〜16:00（入館は15:00まで）
観覧料：大人500円、中高生200円、小学生以下（保護者同伴）無料
アクセス：叡山本線「茶山」駅より徒歩７分
http://www.national-trust.or.jp/properties/komaike/k.html【p.35、36】

白沙村荘
〒606-8406 京都市左京区浄土寺石橋町37
TEL：075（751）0446／FAX：075（751）0448
開館時間：10:00〜16:30　入館料：大人800円、学生500円、中学生以下無料
アクセス：市バス「銀閣寺道」下車、徒歩3分、または「銀閣寺前」下車すぐ
http://www.kansetsu.or.jp/【p.73〜74】

【地図B】
京都工芸繊維大学 美術工芸資料館
〒606-8585 京都市左京区松ヶ崎橋上町
TEL：075（724）7924／FAX：075（724）7920
開館時間：10:00〜17:00（入館は16:30まで）　休館日：日曜・祝日
観覧料：大人200円、大学生150円、高校生以下無料
アクセス：地下鉄烏丸線「松ヶ崎」駅より徒歩8分
http://www.cis.kit.ac.jp/~siryokan/【p.37〜38】

【地図C】
日本福音ルーテル加茂川教会
〒603-8132 京都市北区小山下内河原町14
TEL：075（491）1402
アクセス：地下鉄烏丸線「北大路」駅より徒歩2分
http://jelc-kamogawa.dee.cc/【p.36】

宝鏡寺（人形寺）
〒602-0072 京都市上京区寺之内通堀川東入ル百々町
TEL：075（451）1550
春（3月1日〜4月3日）と秋（11月1日〜30日）のみ拝観可能
拝観時間：10:00〜16:00　人形展拝観料：大人600円、小人300円
アクセス：市バス「堀川寺之内」下車すぐ
http://www.hokyoji.net/【p.21〜23】

柏井壽（かしわいひさし）
1952年京都府生まれ。'76年大阪歯科大学卒業後、京都市北区に歯科医院を開業。生粋の京都人であることから京都関連の、さらには生来の旅好きから、旅紀行のエッセイを執筆。BS FUJI『絶景・旅の時間』「絶景温泉」シリーズの監修・案内役も担当する。著書に『京料理の迷宮』『京都　夏の極めつき』『おひとり京都の秋』『京都　冬のぬくもり』（以上、光文社新書）、『Discover Japan 1 日本の魅力、再発見』（監修、エイムック）、『京都 至福のひと皿』（JTBパブリッシング）など多数。柏木圭一郎名義で「建築学者・京極要平の事件簿」「名探偵・星井裕の事件簿」シリーズを執筆。『有馬温泉「陶泉 御所坊」殺人事件』（小学館文庫）、『京都嵯峨野　京料理の殺意』（講談社文庫）など。

ふらり　京都《きょうと》の春《はる》

2011年3月20日初版1刷発行

著　者 —— 柏井壽
発行者 —— 古谷俊勝
装　幀 —— アラン・チャン
印刷所 —— 堀内印刷
製本所 —— 関川製本
発行所 —— 株式会社光文社
東京都文京区音羽1-16-6（〒112-8011）
http://www.kobunsha.com/
電　話 —— 編集部03(5395)8289　書籍販売部03(5395)8113
業務部03(5395)8125
メール —— sinsyo@kobunsha.com

　ISBN 978-4-334-03613-3